Rom

Die Autorin
Renate Nöldeke

**Mit großer Faltkarte
& 80 Stickern
für die individuelle Planung**

www.polyglott.de

6 Typisch

8	Rom ist eine Reise wert!
11	Reisebarometer
12	50 Dinge, die Sie …
19	Was steckt dahinter?
159	Meine Entdeckungen
160	Checkliste Rom

SPECIALS

30	Mit Kindern in der Stadt
56	Kunst in Thermen und Katakomben
124	Testaccio

20 Reiseplanung & Adressen

22	Die Stadtviertel im Überblick
24	Klima & Reisezeit
25	Anreise
26	Stadtverkehr
29	Unterkunft
34	Essen & Trinken
38	Shopping
41	Am Abend
152	Infos von A–Z
155	Register

ERSTKLASSIG

33	Schlafen in Rom – Erschwinglich und gut
36	Lieblingsrestaurants der Römer
40	Frisch, bunt, stimmungsvoll – römische Märkte
69	Highlights der Vatikanischen Museen
72	Rom gratis
87	Roms beste Eisdielen
116	Die schönsten Mosaiken
131	Romantische Plätze im nächtlichen Rom
150	Das Beste rund ums Kino

44 Land & Leute

46	Steckbrief
48	Geschichte im Überblick
52	Kunst & Kultur
58	Feste & Veranstaltungen
158	Mini-Dolmetscher

ALLGEMEINE KARTEN

4	Übersichtskarte der Kapitel
46	Die Lage Roms

STADTTEIL-KARTEN

64	Vatikan
67	Peterskirche
76	Antikes Rom
78	Foro Romano
84	Altstadt
94	Via del Corso
102	Rund um den Quirinal
104	Villa Borghese
110	Esquilin und Celio
122	Der Aventin
128	Trastevere, Gianicolo
137	Via Appia Antica
141	Ausflüge

SYMBOLE ALLGEMEIN

 Besondere Tipps der Autoren

SPECIAL Specials zu besonderen Aktivitäten und Erlebnissen

SEITEN BLICK Spannende Anekdoten zum Reiseziel

 Top-Highlights und Highlights der Destination

60 Top-Touren & Sehenswertes

62 Der Vatikan
64 **Tour ①** Durch die Vatikanstadt

73 Centro Storico – das historische Zentrum
75 **Tour ②** Durch das antike Rom
83 **Tour ③** Die Altstadt um die Piazza Navona
88 **Tour ④** Zwischen Tiberinsel und Tiberknie
92 **Tour ⑤** Rund um die Via del Corso

98 Zwischen Monte Pincio und Monte Celio
100 **Tour ⑥** Rund um den Quirinal
103 **Tour ⑦** In der Villa Borghese
108 **Tour ⑧** Stille Kirchen, lebendiger Esquilin
113 **Tour ⑨** Vom Colle Oppio auf den Celio

119 Der Aventin im Süden der Stadt
120 **Tour ⑩** Vom Aventin vor die Mauern

126 Trastevere und Gianicolo
127 **Tour ⑪** Bummel durch Trastevere
132 **Tour ⑫** Tour über den Gianicolo

134 Ausflüge & Extra-Touren
135 EUR-Viertel und Kloster Tre Fontane
136 Via Appia Antica
140 Ostia
142 Tivoli
144 **Tour ⑬** Ein Wochenende in der Ewigen Stadt …
146 **Tour ⑭** Auf Pilgerpfaden durch Rom – die sieben
römischen Hauptkirchen
149 **Tour ⑮** Stars und Paparazzi – Rom als Filmkulisse

TOUR-SYMBOLE		**PREISSYMBOLE**	
① Die Polyglott-Touren		Hotel DZ	Restaurant
⑥ Stationen einer Tour	€	bis 100 EUR	bis 30 EUR
❶ Zwischenstopp Essen & Trinken	€€	100 bis 200 EUR	30 bis 50 EUR
① Hinweis auf 50 Dinge	€€€	über 200 EUR	über 50 EUR
[A1] Die Koordinate verweist auf die Platzierung in der Faltkarte			
[a1] Platzierung Rückseite Faltkarte			

Top 12 Highlights

1. Peterskirche › S. 65
2. Sixtinische Kapelle › S. 70
3. Forum Romanum › S. 78
4. Kolosseum › S. 81
5. Piazza Navona › S. 83
6. Pantheon › S. 87
7. Campo de' Fiori › S. 90
8. Spanische Treppe › S. 96
9. Etruskisches Nationalmuseum › S. 107
10. Santa Maria Maggiore › S. 108
11. San Clemente › S. 114
12. Katakomben von San Callisto › S. 137

① Touren-Start

Perfekte Planung – Parallel Klappe vorne links aufschlagen

Auf dem Ponte Umberto gelangt man über den Tiber zum Petersdom

TYPISCH

Rom ist eine Reise wert!

Die italienische Hauptstadt bietet eine in der Welt einmalige Symbiose aus Alt und Neu: das Neben- und Übereinander jahrhunderte- wie jahrtausendealter Architektur, eine überbordende Zahl an Meisterwerken der Kunst aller Epochen, dazu den bunten Trubel auf Märkten, Plätzen und Straßen und die einladende Art der Römer, das Leben zu genießen.

Die Autorin Renate Nöldeke

studierte Kunstgeschichte, Mittlere und Neuere Geschichte sowie Volkskunde. Die kulturellen Schätze – aber auch die kulinarischen Genüsse – Italiens ziehen sie von ihrem Wohnort München immer wieder gen Süden, häufig nach Rom und dort besonders zu den Ausgrabungen am Forum Romanum. Nicht widerstehen kann die Autorin auch frisch geröstetem Caffè und neuen Eiskreationen.

Salve! Der Rombesucher hat richtig gehört – aber der lächelnde Mann in der Caffè-Bar ähnelt dem strengen Lateinlehrer nicht im Geringsten. Vielmehr heißt er jeden mit dem typisch römischen Gruß willkommen. Endlich in Rom! Angekommen mit dem Nachtzug im morgendlichen Chaos der Stazione Termini, stehe ich etwas zerknittert und verwirrt im Getümmel von Menschen, die aus Bahnen und Metrolinien zur Arbeit drängen.

Längst ist Rom über die Grenzen der Aurelianischen Stadtmauer des 5. Jh. weit in die ländliche Campagna Romana hineingewuchert – so gesehen unterscheidet sich die italienische Hauptstadt kaum von anderen europäischen Metropolen. Aber: Den Koffein-Kick holt man sich hier nicht als *Coffee to go* im Pappbecher, sondern schlürft ihn stilvoll aus der kleinen, dickwandigen Espressotasse. Auf die italienische Kaffeekultur! Ein, zwei Schluck im Stehen – mit ordentlich viel Zucker – und ein paar nette Worte vom Barista versüßen den Römern den Start in den Tag. Und ich gönne

Antikes Machtzentrum: Forum Romanum

Rom ist eine Reise wert!

Abseits der Touristenströme: traumhafter Gartenblick auf dem Aventin

mir dazu ein *cornetto con crema*, lausche dem Kling-Klang von Tassen und Löffeln und dem Klick-Klack der Stöckelschuhe von schicken Römerinnen in der weitläufigen Bahnhofshalle. Der Barista verabschiedet mich schnell wie eine alte Bekannte und ein nicht mehr junger Mann faltet kurz seine rosafarbene »Gazetta dello Sport« zusammen, um mir viel Spaß in Rom zu wünschen.

Salve! Mein erster Gang in der Ewigen Stadt führt mich direkt ins einstige Zentrum des römischen Weltreichs: zum Kolosseum – wohl bekannt aus dem Geschichtsunterricht und mehr noch aus den italienischen Sandalenfilmen –, ins Forum Romanum und auf den Palatin. Das Sammelticket für die archäologischen Highlights dank Onlinekaufs schon in der Tasche, schreite ich an der wartenden Besucherschlange vorbei. Zwischen zwar bröckelnden, aber immer noch imposanten Monumenten ragen stolz Marmorsäulen und Triumphbögen in den blauen römischen Himmel. Stets von Neuem beeindrucken mich die riesigen Ausmaße der Trajansmärkte – im Vergleich dazu wirkt die edle Einkaufspassage *Galleria Alberto Sordi* geradezu bescheiden. Nach wie vor kaufen Römer und Römerinnen gerne ein – besonders Mode. Die ganz große Bühne bietet die Spanische Treppe, im Sommer für die neuesten Modelle der römischen Fashionistas.

Roms *ewige* Geschichte inspiriert nicht nur Künstler, sondern jeden Besucher, die Stadt ist Metropole von heute und gleichzeitig grandioses Freilichtmuseum: Obelisken, Thermen, Brunnen, Paläste und Kirchen mit wertvollen Kunstschätzen. Mal sind es glänzende frühchristliche Mosaiken oder orientalisch anmutende Cosmatenböden. Hier ein Altarbild von Caravaggio, dort von Raffael, dann

Mein Lieblingscafé an der Casa del Cinema im Abendlicht

Rom ist eine Reise wert!

Villa Borghese: Bunte Luftballons lassen Kinderherzen höher schlagen

wieder eine Skulptur von Bernini und ein Werk von Michelangelo.

Eigens eine Reise wert sind Roms Museen: allen voran die Vatikanischen mit der sagenhaften Sixtinischen Kapelle sowie die Kapitolinischen mit der Romulus und Remus säugenden Bronzewölfin, die übrigens zusammen mit der Abkürzung S.P.Q.R. das allgegenwärtige Zeichen der Kommune Rom ist. S.P.Q.R. steht für *Senatus Popolusque Romanus* (Senat und Volk von Rom), und nicht, wie Obelix meinte, für *Sono Pazzi Questi Romani* (Die spinnen, die Römer). Dieses Hoheitszeichen der Römischen Republik, auf Bussen und Kanaldeckeln allseits präsent, drückt den Stolz der Römer auf ihre Stadt aus. Und dementsprechend werden Ihnen Römerinnen und Römer behilflich sein, wenn Sie nach dem Weg, dem nächsten Bus oder einem empfehlenswerten Restaurant fragen.

Im sonnenverwöhnten Rom spielt sich das Leben auf der Straße ab, nicht nur auf den großen Plätzen, sondern auch in den verwinkelten Gassen der Altstadt. Nicht vergessen! Wer eine Münze in den Trevibrunnen wirft, kehrt garantiert hierher zurück. Um z. B. bei Giolitti das schokoladigste Schokoladeneis der Stadt, vielleicht sogar der Welt, zu genießen. Rund um die Piazza Navona und den Campo de' Fiori locken zudem Caffè-Bars mit exzellentem selbst gerösteten Kaffee und leckeren *Tramezzini* sowie gemütliche Trattorien mit bodenständiger römischer Kochkunst.

Auf der Engelsbrücke geht es über den Tiber Richtung Peterskirche. Je näher man dem Vatikan kommt, desto mehr lassen sich auch nüchterne Protestanten von den fröhlich gelaunten Gläubigen mitreißen. Von hier zuckelt die Straßenbahnlinie 19 mit stoischer Gelassenheit zu den Gärten der Villa Borghese. Nach so vielen Eindrücken habe ich mir ein Nickerchen unter duftenden Pinien verdient, begleitet vom munteren Geschrei spielender Kinder. Alles andere kann warten – Rom wurde schließlich auch nicht an einem Tag erbaut. Diese Mischung aus hochkonzentrierter Kultur, quirligem Leben und gelassenem Lebensgefühl macht die Ewige Stadt immer wieder zum Erlebnis, ob tagsüber oder nachts, ob für ein Wochenende oder eine Woche. Und die Römer heißen Wallfahrer und Kunstfreunde, Weltenbummler und Nachtschwärmer gleichermaßen willkommen. Salve!

Reisebarometer

Was macht Rom so besonders? Meisterwerke der Kunst und Architektur, die modischen Römer, das bunte Leben, die Clubs in Testaccio und die duftenden Pinien in den Parks, zwischendurch ein Eis und ein Caffè. Ewige Stadt und La dolce vita.

Beeindruckende Architektur
Monumentalbauten von der Antike bis zur Gegenwart

Grüne Oasen
Weitläufige Parks mit viel Platz für Sport und Picknick

Kultur- und Eventangebot
Theater, Oper, Kinos, Konzerte und Festivals – da fällt die Wahl schwer.

Museen und Besichtigungen
Die Vielfalt der Kunstmuseen ist weltweit einmalig.

Gastronomie
Bodenständige römische Küche von einfach bis exquisit

Shoppingangebot
Die hohen Preise zügeln den Kaufrausch.

Spass und Abwechslung für Kinder
Mehr als Museen und Parks locken Pizza und Eis.

Party und Ausgehen
Nightlife non stop, nur im Sommer schließen viele Clubs.

Ausflüge in die Umgebung
Strand, Natur, aber auch Kultur vor den Toren der Stadt

Preis-Leistungs-Verhältnis
Rom ist teuer, bietet aber auch viel.

● = gut   ●●●●●● = übertrifft alle Erwartungen

50 Dinge, die Sie ...

Hier wird entdeckt, probiert, gestaunt, Urlaubserinnerungen werden gesammelt und Fettnäpfe clever umgangen. Diese Tipps machen Lust auf mehr und lassen Sie die ganz typischen Seiten erleben. Viel Spaß dabei!

... erleben sollten

(1) Jahrtausende im Licht der Taschenlampe Die Besichtigung der spannenden und vielschichtigen Kirche San Clemente › S. 114 mit der Taschenlampe führt hinunter ins Rom des 1. Jh. n. Chr.

(2) Morgendlicher Marktbesuch Campo de'Fiori › S. 40, sieben Uhr früh: Rom ist erwacht und bei einem Caffè mit einem *cornetto con crema* lässt sich das geschäftige Treiben der Marktleute genießen.

(3) Römischer Sonntagsausflug In den Gärten der Villa Borghese › S. 105 lockt der Giardino del Lago, denn bei einer Ruderpartie auf dem romantischen See rückt der Trubel im Park in weite Ferne (3 € pro Pers./ 20 Min.).

(4) Klassiker per pedes Dabeisein ist alles: Beim Stadtlauf RomaFun engagieren sich die Römer und Zuschauer genauso wie die 5-km-Läufer – auch Inliner sind erlaubt! Im Anschluss wird gefeiert (Start/Ziel: nahe Kolosseum, www.maratonadi roma.it).

(5) Eins, zwei, drei – Wünsche erfüllen Wer eine Münze in den Trevibrunnen › S. 97 wirft, kommt garantiert nach Rom zurück. Mit zwei Münzen gewinnt man das Herz eines Römers oder einer Römerin, und die dritte führt dann zum Traualtar.

(6) Coole Sommergefühle Wenn die Stadt unter Sonne und Hitze ächzt, verspricht das Schwimmbecken Piscina delle Rose › S. 31, das für die Olympiade 1960 im EUR-Viertel gebaut wurde, eine vergnügliche Erfrischung.

(7) Radtour über die Via Appia Antica An Sonn- und Feiertagen präsentiert sich die Via Appia › S. 136 den Besuchern so autofrei wie einst den römischen Legionen. Und mit dem Rad schafft man die 5,5 km von der Porta San Sebastiano bis zur 5. Meilensäule samt Besichtigungsstrapazen locker.

(8) Eataly – Italiens Genüsse Der Name der modernen Markthalle am Bahnhof Ostiense ist Programm. Köche aus den Regionen servieren hier ihre Spezialitäten (www.roma. eataly.it, Piazzale 12 Ottobre 1492 [D10], 00154 Roma, tgl. 10–24 Uhr).

(9) Frostiger Wintertraum Riesenspaß zum Jahreswechsel: Im

50 Dinge, die Sie …

Früchte und Gemüse aus Italiens Gärten: Markt auf dem Campo de'Fiori

Dezember und Januar kann man auf einer künstlichen Eisbahn am Auditorium › S. 31 schwungvoll Pirouetten drehen (Eintritt inkl. Schlittschuhverleih: 8 €/Std.).

… probieren sollten

⑩ **Grattacecha** Die typisch römische Variante der Granita (zerstoßenes Eis mit Sirup) schmeckt am besten mit Mandelmilch *(orzata)* und beim Kiosk am Ponte Cestio › S. 145, in Trastevere gegenüber der Tiberinsel.

⑪ **Lukullisches Mahl** Die Römer gönnen sich nach *bucatini all' amatriciana* (Nudeln mit Ochsenschwanzsoße) eine *saltimbocca alla Romana* (Kalbsschnitzel mit Schinken und Salbei) und *carciofi alla Romana* (fritierte Artischocken) sowie zum krönenden Abschluss eine locker geschlagene Zabaione, z.B. in der Trattoria Da Armando al Pantheon › S. 35.

⑫ **Römisches Street Food** Familien und Partygänger stärken sich in der Pizzeria Volpetti Più › S. 37 in Testaccio gleichermaßen gerne mit Pizza, beliebt ist die deftige Variante *Lardo e Patate* (mit Speck und Kartoffeln).

⑬ **Caffè an der Bar** Der frisch geröstete Caffè von Tazza d'Oro › S. 87 schmeckt bestens in unterhaltsamer Gesellschaft mit den Römern an der Theke. Übrigens: An der Bar sind die Preise günstiger!

⑭ **Römischer Sommerabend in Flaschen** Eine laue Nacht in Trastevere wird perfekt mit einem erfrischenden Glas Frascati vor der Enoteca Ferrara › S. 37.

⑮ **Spezialität der Campagna Romana** Der Schafmilchkäse *Pecorino Romano* aus Roms ländlicher Umgebung wird auf dem Markt in Testaccio › S. 40 in allen Reifegraden angeboten, von würzig bis pikant einfach köstlich.

(16) **Obstsalat** Die weiße, längliche Pizzutella-Traube aus Tivoli, die man auf römischen Märkten findet, bereichert bunte Salatmischungen aus Endivien, Feldsalat und Ruccola mit sanfter Süße (z.B. Campo de' Fiori › S. 40).

(17) **Süßer Auftakt zur Fastenzeit** *Castagnole alla Romana*, ausgebackene und in Zucker gewälzte Teigkügelchen, sind das traditionelle römische Gebäck der Faschingszeit und vor allem dann in aller Munde, z.B. von der Pasticceria La Deliziosa (Vicolo Savelli 50 [C7], nahe der Piazza Navona, 00186 Roma).

(18) **Cremige Versuchung** Eis gibt es in Rom fast an jeder Ecke, aber keines zergeht so auf der Zunge wie das von Giolitti › S. 93 – Trumpf ist der Klassiker Schokolade.

(19) **Zarte Offenbarung** In Öl eingelegte Artischocken sind eine leichte Vorspeise, und das Delikatessengeschäft Volpetti › S. 41 verwandelt die Distelpflanze in ein Geschmackserlebnis.

(20) **Zum Wohl** Barmixer des Caffè Rosati › S. 95 schufen mit dem Cocktail *Sogni Romani* (dt. römische Träume) in den Stadtfarben Roms – aus Orangensaft, rotem und gelbem Likör – eine traumhafte Erinnerung für die Sinne.

... bestaunen sollten

(21) **Rompanorama** Der atemberaubende Blick von der Kuppel der Peterskirche › S. 68 über die Stadt reicht bei günstigem Wetter bis zu den Albaner Bergen.

(22) **Nabel der Welt** Bekanntlich führen alle Wege nach Rom, und mit dem unscheinbaren Steinkegel Umbilicus Urbis (lt., Nabel der Welt) im Forum Romanum › S. 79 haben Sie das Zentrum des Römischen Weltreichs erreicht.

(23) **Arche Noah alla Borghese** Der Empfangssaal der Galleria Borghese › S. 105 fesselt mit seiner Wandbemalung: Bunte Papageien und Schmetterlinge neben Jagdhunden, Hasen und Fasanen.

Erfrischende Köstlichkeit: römisches Eis

50 Dinge, die Sie …

Moderne Architektur trifft moderne Kunst: das MAXXI von Zaha Hadid

㉔ **Laufsteg der Römer** Vom Caffè TrevieTritone in der Galleria Alberto Sordi › **S. 92** hat man den besten Blick: Die modebewussten Hauptstadtbewohner sind beim Einkaufen in der Ladengalerie voll in ihrem Element.

㉕ **Licht und Schatten** Die Betrachter von Caravaggios »Berufung des Matthäus« in der Kirche San Luigi dei Francesi › **S. 86** sind ähnlich verwundert über die realistische Darstellung wie Matthäus' Trinkkumpane angesichts von Jesus und Petrus, die den Apostel mitten in einer Taverne auffordern mitzukommen.

㉖ **Für alle Ewigkeiten** Die über und über mit Gebeinen und Knöchelchen von 4000 Mönchen dekorierte Kapuzinergruft › **S. 105** ist zugleich ein Ort zum Wundern und zum Gruseln.

㉗ **Rosiges Parkidyll** Die edlen Rosen im sonst grün verwunschenen Roseto › **S. 121** betören von Mai bis Juli mit prächtigen Blüten und intensiven Düften.

㉘ **Geballte Kraft** Michelangelos 2,35 m hohe Marmorstatue des Moses in San Pietro in Vincoli scheint voller Leben, wenn man die muskulösen Arme mit den feinziselierten Adern betrachtet (› **S. 113** Abb. siehe Bildmitte).

㉙ **Architekturspektakel** Das von Zaha Hadid entworfene MAXXI › **S. 107**, das Museum für zeitgenössische Kunst, beweist, dass die italienische Hauptstadt nicht in der Vergangenheit verharrt.

㉚ **Kaleidoskop in Marmor** Die wertvollen Marmorfußböden in dem Kreuzgang des Lateranpalasts › **S. 117** beeindrucken durch ihren Form- und Farbreichtum.

㉛ **Wasserorgel** In Tivoli, dem allzeit beliebten Ausflugsziel der Römer, faszinieren die Gärten der Villa d'Este › **S. 143** mit den hohen Fontänen am Neptunbrunnen.

... mit nach Hause nehmen sollten

32 **Glückliche Funde** Den Flohmarkt an der Porta Portese › S. 131 durchstöbern viele junge Römer nach alten Schätzen, vielleicht auch nach Erinnerungslöffeln aus Rom, die in den 1950er- und 1960er-Jahren ein beliebtes Mitbringsel waren und heute eine Zierde für jede Zuckerdose sind.

33 **Frischer Duft und starker Geschmack Roms** Eine der besten Kaffeeröstereien der Stadt, Tazza d'Oro › S. 87, verkauft ihre aromatischen Bohnen und alternativ süße Schoko-Kaffeebohnen.

34 **Design alla Roma** Eine Parmesanreibe ist schöner als die andere bei C.U.C.I.N.A. › S. 40 Deren Küchenutensilien erfreuen zu Hause jeden Tag aufs Neue.

35 **Staatliche Werte** Der Vatikan hat eigene Briefmarken und Münzen, die man beim Postamt am Petersplatz › S. 64 erhält. Übrigens: Die vatikanische ist schneller als die italienische Post.

36 **Triumphale Szenerie** Wenn Sie sich unter dem fast 2000 Jahre alten Titusbogen am Forum Romanum › S. 81 fotografieren lassen, bleibt die Erinnerung an ihre italienische Reise ewig lebendig.

37 **Luxusmomente** Kaschmirgefütterte Lederhandschuhe von Sermoneta › S. 39 sind erschwinglich (ab 50 €) und erinnern im kalten Winter daheim an wärmere römische Gefilde.

38 **Ausrüstung für Gladiatoren** Viele der römischen Souvenirläden, z. B. auf der Via della Conciliazione › S. 71, verkaufen Holzschwerter und -schilde, die Kindern eine Freude machen oder als Accessoires im Fasching zu Ehren kommen.

39 **Mediterrane Düfte** Die Erinnerung an römische Gärten hält ein kleines Orangenbäumchen wach, am besten von Formiche Verdi (Via Arenula 22 [C7], 00186 Roma), *dem* Blumenladen des Centro Storico.

40 **Dolce Vita in Tüten** Dank der mit viel Zucker konservierten Früchte kann man die Farbenviel-

Flohmarkt mit Flair an der Porta Portese

falt und den Geschmack römischer Obststände mit nach Hause nehmen, z.B. von Dolcumi e Frutta secca Onorati (Corso Rinascimento 8, [C7], 00186 Roma).

(41) Caffè mit Stil Espressotassen oder -kannen für den Herd mit dem Logo der Kaffeerösterei Sant' Eustachio › S. 86, einem Hirschkopf, zaubern römische Gelassenheit in den Alltag.

… bleiben lassen sollten

(42) Rom im eigenen Auto Meiden Sie das römische Verkehrschaos. In weiten Teilen der Innenstadt ist ohnehin nur Anwohnerverkehr erlaubt. Parken Sie ihr Auto an einer der Metrostationen am Stadtrand oder in der Hotelgarage und nutzen Sie bei Ihren Rundgängen und Ausflügen die öffentlichen Verkehrsmittel › S. 26.

(43) Sonntags Tram- und Bustickets kaufen Fahrscheine gibt es weder an der Haltestelle noch in Tram oder Bus zu kaufen, und viele Tabakgeschäfte *(tabacchi)* bleiben sonn- und feiertags geschlossen. Also decken Sie sich bei Bedarf rechtzeitig ein.

(44) Picknicken in der Stadt Auf der Spanischen Treppe und bei anderen populären Monumenten ist der Verzehr mitgebrachter Speisen und Getränke im Sitzen verboten; es drohen Geldbußen von 50 €.

(45) Souvenirs aus dem Trevibrunnen Geld aus dem Trevibrunnen › S. 97 zu fischen ist verboten! Er wird streng bewacht – und man riskiert wegen Diebstahls festgenommen zu werden.

(46) Richtiger Ort, falsche Zeit Um die römischen Kirchen in Ruhe besichtigen zu können, informieren Sie sich über die jeweiligen Gottesdienstzeiten. Heilige Messen finden in der Regel sonntagvormittags (10–12 Uhr) und Vespergottesdienste am frühen Abend (17 bis 18 Uhr) statt. Übrigens: Beim Kirchenbesuch Schultern und Knie bedeckt halten.

(47) Einzelrechnungen fordern Römische Kellner haben kein Verständnis für getrennte Rechnungen: zusammen essen, zusammen zahlen.

(48) Cappucino nach dem Essen Wer Sie sich nicht gleich als Nordeuropäer outen will, bestellt nach dem Essen keinen Cappucino. Die Italiener trinken ab mittags nur noch *Caffè* (deutsch: Espresso).

(49) Highheels auf der Via Sacra Es macht keinen Spaß, über das grobe antike Kopfsteinpflaster im Forum Romanum oder auf der Via Appia Antica zu stöckeln – ansonsten: Hals- und Beinbruch!

(50) Antike Scherben sammeln Alte Scherben, Steine oder Münzen nehmen Sie besser nicht mit nach Hause – die Ausfuhr von Kulturgütern ist untersagt.

Die ganze Welt von POLYGLOTT

Mit POLYGLOTT ganz entspannt auf Reisen gehen. Denn bei über 150 Zielen ist der richtige Begleiter sicher dabei. Unter www.polyglott.de finden Sie alle POLYGLOTT Reiseführer und können ganz einfach direkt bestellen. GUTE REISE!

Meine Reise, meine APP!

Ob neues Lieblingsrestaurant, der kleine Traumstrand, die nette Boutique oder ein besonderes Erlebnis: Die kostenfreie App von POLYGLOTT ist Ihre persönliche Reise-App. Damit halten Sie Ihre ganz individuellen Entdeckungen mit Fotos und Adresse fest, verorten sie in einer Karte, machen Anmerkungen und können sie mit anderen teilen. So wird Ihre Reise unvergesslich.

Mehr zur App unter www.polyglott.de/meineapp und mit dem QR-Code direkt auf die Seite gelangen

Geführte Tour gefällig?

Wie wäre es mit einer spannenden Stadtrundfahrt, einer auf Ihre Wünsche abgestimmten Führung, Tickets für Sehenswürdigkeiten ohne Warteschlange oder einem Flughafentransfer? Buchen Sie auf **www.polyglott.de/tourbuchung** mit rent-a-guide bei einem der deutschsprachigen Guides und Anbieter weltweit vor Ort.

Clever buchen, Geld sparen mit *Gutscheinaktion* unter www.polyglott.de/tourbuchung

Die Gutscheinaktion läuft mind. bis 01.09.2016. Veranstalter der Aktion: rent-a-guide GmbH

www.polyglott.de

Was steckt dahinter?

Die kleinen Geheimnisse sind oftmals die spannendsten. Wir erzählen die Geschichten hinter den Kulissen und lüften für Sie den Vorhang.

Warum stehen in Rom 14 Obelisken?

Die Stelen aus Marmor, Porphyr und Granit sind zum Teil schon jahrtausendealt. Acht Obelisken gelangten als Kriegsbeute von Tempeln aus Ägypten hierher, fünf gaben römische Kaiser in Auftrag. Als Zeichen der Macht des römischen Reichs wurden sie in Rom aufgestellt. Das Mittelalter jedoch überstanden die Obelisken nicht, sie wurden gestürzt und blieben verschüttet, bis man sie Jahrhunderte später wieder entdeckte. Die Päpste des 16./17. Jh. bezogen ausgegrabene Exemplare in die Neugestaltung der Stadt ein, um die weiten Plätze mit klaren Sichtachsen zu akzentuieren und auswärtigen Pilgern den Weg zu weisen. Nur das Exemplar auf dem Foro Italico ließ Mussolini 1938 fertigen.

Warum tragen Götter und Heroen Feigenblätter?

Es ist eine Legende, dass Papst Pius IX. den antiken Statuen im Vatikan höchst persönlich ihre Penisse abschlug. Tatsächlich ließen die Päpste im 18./19. Jh. die ohnehin knabenhaft kleinen Genitalien schamhaft verhüllen – meist nicht mit Feigen-, sondern mit Weinblättern aus Gips oder Blech. Heute werden im Vatikan fehlende Blätter nicht mehr ersetzt.

Warum gilt Testaccio als Roms Scherbenviertel?

Der Begriff beschreibt das frühere Schlachthofviertel Testaccio › S. 124 nicht wie andernorts im übertragenen Sinn als sozial verwahrlostes Viertel, sondern ist wörtlich zu nehmen. Denn hier, nahe des alten antiken Tiberhafens, wurden die tönernen Scherben kaputter römischer Amphoren, ausgediente Transportbehälter für Wein, Öl oder Garum (Würzsoße aus vergorenem Fisch), säuberlich zu einem Hügel aufgeschichtet. Später wuchs Grün auf der antiken Müllhalde, aber bis heute sind die Stapel am Rande der Anhöhe deutlich zu erkennen. Und die schönen Spazierwege hinauf führen direkt über die jahrtausendealten Scherben.

Warum knallt es mittags auf dem Gianicolo?

Seit 1847 wird jeden Tag mittags um Punkt 12 Uhr eine Kanone oberhalb der Stadt abgefeuert. So erreichte Papst Pius IX. damals, dass alle Glocken von Rom gleichzeitig zu läuten anfingen. Die Kanone, die von drei Soldaten gezündet wird, steht seit 1904 auf dem Gianicolo unterhalb des höchsten Punkts des Hügels mit dem Denkmal für Giuseppe Garibaldi. Heute erinnert der Knall daran, dass zwar alle ihre Uhren, aber kaum Zeit mehr haben.

Ein Besuch im Kolosseum ist immer ein überwältigendes Erlebnis

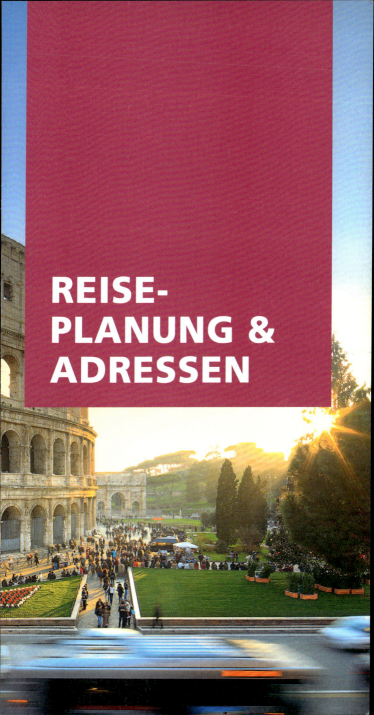

REISE-PLANUNG & ADRESSEN

Die Stadtviertel im Überblick

Jeder Pflasterstein, jeder Kanaldeckel atmet Geschichte, bei Spaziergängen durch die Ewige Stadt begegnet man auf Schritt und Tritt antiken Denkmälern, ehrwürdigen Kirchen, erstklassigen Museen, großzügigen Plätzen und prachtvollen Palästen.

Aber auch das quirlige Treiben auf den Straßen, die vielen Menschen – coole, gestylte Römer und modebewusste, elegante Römerinnen ebenso wie fromme Pilgergruppen und staunende Kunstliebhaber aus aller Welt – machen den pulsierenden Alltag der italienischen Hauptstadt aus, in der Moderne und Vergangenheit wie selbstverständlich nebeneinander und übereinander existieren. Die Stadt liegt heute im Schnitt vier Meter höher als in der Antike, und immer wieder machen Bautrupps aufregende archäologische Entdeckungen – der Ausbau des Metronetzes gestaltet sich dementsprechend schwierig und langwierig.

Roms Anziehungskraft ist seit beinahe 3000 Jahren ungebrochen. Der Legende nach von den Zwillingen Romulus und Remus 753 v. Chr. gegründet, war Rom zunächst Hauptstadt der Römischen Republik und später eines Weltreichs, das sich zu seiner Blütezeit über drei Kontinente erstreckte. Mit dem Niedergang des Imperium Romanum gewannen die Päpste seit dem 4. Jh. an Einfluss, und Rom errang neue Bedeutung als Zentrum des

Der Palatin war einst ein mondänes Wohngebiet der Aristokratie

Die Stadtviertel im Überblick

abendländischen Christentums. Das heutige Erscheinungsbild wurde jedoch weitgehend in der Renaissance und im Barock geprägt, als die Päpste unter Mitwirkung hochbedeutender Künstler wie Michelangelo, Raffael und Bernini schnurgerade Straßenzüge mit Sichtachsen, betont durch Obelisken, großzügige Plätze mit aufwendigen Brunnenanlagen, herrliche Paläste und gigantische Kirchenkuppeln errichten ließen.

Rom ist eine Stadt der Fußgänger – nicht nur weil Verkehrschaos und Parkplatznot das Autofahren zur Qual machen, sondern auch weil die meisten Attraktionen nahe beieinander liegen. In den letzten Jahren wurde der öffentliche Nahverkehr kontinuierlich verbessert, sodass man den Pkw getrost in der Hotelgarage oder auf einem bewachten Parkplatz am Stadtrand stehen lassen kann. Per pedes (apostulorum) sind die 22 inneren »rioni« (Stadtviertel) am besten zu erkunden; sie werden durch den Verlauf der Aurelianischen Mauer aus dem 3. Jh. begrenzt. Diese schloss neben den anfangs besiedelten sieben Hügeln östlich des Tibers – Palatino (Palatin), Campidoglio (Kapitol), Aventino (Aventin), Quirinale (Quirinal), Viminale (Viminal), Esquilino (Esquilin), Celio (Caelius) – auch den Pincio (Pincius) im Norden der Stadt sowie Gianicolo (Ianiculum) und Vaticano (Vaticanus) auf der westlichen Tiberseite ein.

Der **Vatikan,** bis heute Zentrum der katholischen Christenheit, mit Peterskirche, Papstaudienzen und -messen, gehört nicht nur für gläubige Pilger zu den Höhepunkten ihrer Romreise – auch Kunstliebhaber aus aller Welt begeistern sich für die wertvollen Kunstschätze besonders in den Vatikanischen Museen. Größter Besuchermagnet ist die Sixtinische Kapelle mit Michelangelos einzigartigen Fresken am Deckengewölbe sowie das Jüngste Gericht an der Altarwand.

Das **historische Zentrum** (Centro Storico) umfasst das antike Rom zwischen Palatin und Kapitol sowie die in Renaissance und Barock nördlich davon entstandene Altstadt im Tiberknie. Die Spurensu-

Daran gedacht?

Einfach abhaken und entspannt abreisen

- [ ] Reisepass / Personalausweis (auch jedes Kind muss einen eigenen Ausweis mit sich führen)
- [ ] ggf. Bahncard einstecken
- [ ] ggf. Autopapiere inkl. Grüner Versicherungskarte
- [ ] ggf. Kleingeld für die Mautstationen
- [ ] Hotelreservierung
- [ ] Online-Tickets für Museen
- [ ] Akkus und Ladegeräte für Handys und Fotoapparate
- [ ] Infos zu günstigen Mobilnetz-Anbietern
- [ ] Kreditkarte (PIN?)
- [ ] Medikamente und Blasenpflaster
- [ ] Im Herbst und Winter Regenschirm nicht vergessen

che im Zentrum des Römischen Weltreiches gehört zu den faszinierendsten Erfahrungen eines Rombesuchs. Einen schönen Überblick genießt man vom Palatin oder Kapitol. In der Altstadt laden Eisdielen und Cafés zum Verweilen und schicke Geschäfte zum Schaufensterbummel ein. Die Piazza Navona, die Spanische Treppe und der Trevibrunnen, die von überschäumender barocker Lebensfreude zeugen, sind bei Römern und Touristen beliebte, bis tief in die Nacht umlagerte Treffpunkte, an denen die einzigartige Atmosphäre Roms besonders intensiv zu spüren ist.

Zwischen **Monte Pincio** und **Monte Celio** im Osten des historischen Zentrums kommen sowohl Kultur- als auch Naturfreunde auf ihre Kosten, hier findet man lebhaftes Treiben wie erholsame Stille. Die Grünanlagen im Park der Villa Borghese bieten als grüne Oase mitten in der Stadt eine Vielfalt an Freizeitattraktionen für die ganze Familie sowie eine hohe Museumsdichte. Kunst- und kirchengeschichtlich Interessantes bergen die Kirchen auf dem Weg über den Esquilin, vom Colle Oppio auf den Celio, wie die Santa Maria Maggiore und die uralte Lateransbasilika. Ansonsten kann man sich im Multi-Kulti-Mix nahe der Stazione Termini treiben oder in der idyllischen Villa Celimontana die Seele baumeln lassen.

Der **Aventin** im Süden der Stadt ist wegen seiner Flussnähe eine seit der Antike bevorzugte Wohngegend. Tiberabwärts schließt sich **Testaccio** an, der antike Schuttberg, auf dem sich Markthallen und Schlachthöfe ansiedelten, die heute zu trendigen Szenetreffs umfunktioniert wurden. Hier feiert das junge Rom die Nächte hindurch. Doch längst hat die zeitgenössische römische Kulturszene auch ausgediente Industriebetriebe der ersten Stunde in Ostiense, außerhalb der alten Stadtmauern, fantasievoll wiederbelebt.

Jenseits des Tibers liegen die abwechslungsreichen Viertel **Trastevere** und **Gianicolo**. Bevor man sich ins Nachtleben stürzt, kann man von einer der typisch römischen Trattorien in Trastevere aus das Ritual der Römer, die abendliche Passegiata bestaunen. Wer den Abend ruhig ausklingen lassen möchte, sollte den Monte Gianicolo erklimmen und den Panoramablick über Roms nächtliches Lichtermeer bewundern.

Klima & Reisezeit

Rom ist zu jeder Jahreszeit eine Reise wert. Am besten eignet sich jedoch das Frühjahr, beginnend mit den Festivitäten zu Ostern bis in den Juni.

In diesen Monaten ist es meist angenehm warm, oft kann man schon im März in einem Straßencafé seinen Cappuccino draußen genießen. Auch Spätsommer und Herbst sind für einen Rombesuch zu empfehlen. Im Hochsommer ist es dagegen sehr heiß und schwül; viele Römer machen traditionellerweise in dieser Zeit Urlaub am Meer oder in den Bergen. Im Ferienmonat August wirkt die Stadt wie ausgestorben, zahlreiche Läden, Clubs und Restaurants bleiben geschlossen. Manch einer wird indes die ruhigen Straßen und günstigen Hotelangebote sowie das vorzügliche Programm der »Estate Romana« › S. 58, Open-Air-Kinos und -Lounges zu schätzen wissen. Nicht umsonst ist der Feiertag Mariä Himmelfahrt am 15. August als »Ferragosto« und meist heißester

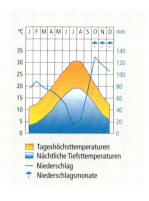

Tag des Jahres namengebend für den ganzen Monat. Eine nette Komödie schildert in »Das Festmahl im August« (»Pranzo di Ferragosto«) die Schwierigkeiten des Junggesellen Gianni, in der ausgestorbenen Stadt die Zutaten für das festliche Mahl am Feiertag zu besorgen. Denn neben seiner Mutter hat er plötzlich drei weitere alte Damen zu bewirten.

Die oft regnerischen Wintermonate bilden dann den idealen Rahmen für kulinarische Streifzüge, Museumsbesuche und das kulturelle Leben in der Stadt am Tiber. Für das Weihnachtsfest und andere große kirchliche Feiertage meldet Roms Hotellerie nahezu jedes Jahr: »Ausgebucht!«

Anreise

Flug

Rom wird von den großen, internationalen Flughäfen Deutschlands, Österreichs und der Schweiz mehrmals täglich angeflogen. Auf dem Flughafen **Leonardo da Vinci** (Fiumicino), ca. 30 km südwestlich, landen alle Linien- und einige Charterflüge (Nonstop-Zugverbindung »Leonardo Express« zur Stazione Termini; 6.36–23.36 Uhr, alle 30 Min., Fahrzeit 31 Min., 16 €). Direkt zwischen Flughafen und Hauptbahnhof verkehren auch diverse Busse (z. B. www.terravision.eu, 5.35–23 Uhr, etwa alle 40–60 Min., Fahrzeit 60 Min., 4 €) Außerdem fährt der Regionalzug (FR1, alle 15–30 Min., 8 €) nach Trastevere (27 Min.) und Ostiense (32 Min.).

Charter- und Billigflieger nutzen vorwiegend den Flughafen **Ciampino**, ca. 15 km südöstlich von Rom. Busse verbinden den Flughafen mit der Stazione Termini (Nonstop zur Via Marsala 22 nahe Stazione Termini tgl. 8.15–23.40 Uhr, www.terravision.eu, 4 €), außerdem fahren die Linienbusse zur Metrostation Anagnina (Linie A, 6.10–22.40 Uhr, alle 40 Min.).

Anreise

Die Stadt hat einen festen Tarif für Taxifahrten von den Flughäfen nach Rom (innerhalb der Aurelianischen Stadtmauer) eingerichtet (ab Fiumicino 48 €, ab Ciampino 30 €). Die offiziellen Taxis stehen vor den Airports bereit. Sie sind weiß, tragen ein Taxischild und verfügen über eine ID-Nummer.

Allgemeine Flugauskunft
für beide Flughäfen (Aeroporti di Roma) | Tel. +39 06 65 951 | www.adr.it

Zug

Fernzüge, die in Rom enden, fahren zum zentralen Hauptbahnhof Stazione Termini, auch der direkte Nachtzug aus München. Andere Züge halten an der Stazione Tiburtina im Nordwesten der Stadt (Anschluss mit Metrolinie B zur Stazione Termini).

Auto

Das eigene Auto lässt man am besten vor der Toren der Stadt stehen und steigt in den öffentlichen Nahverkehr um. Weite Teile der Innenstadt sind ohnehin nur für Anwohner erlaubt (ZTL – Zona Traffico Limitato). Gebührenpflichtige Parkplätze erkennt man an einer blauen Umrandung.

Stadtverkehr

Metro

Schnellstes Fortbewegungsmittel innerhalb der Stadt sind die beiden Linien der Metropolitana, deren Züge So–Do 5.30–23.30 Uhr, Fr/Sa bis 1.30 Uhr verkehren. Nachts fahren die beiden Buslinien n1 (für Linie A) und n2 (für Linie B). Linie A verkehrt von Anagnina im Südosten nach Battistini im Nordwesten; mit ihr erreicht man z.B. den Lateran, die Spanische Treppe sowie den Vatikan. Linie B verbindet Laurentina im Süden mit Rebibbia und als B1 mit Conca d'Oro im Nordosten und passiert dabei das EUR-Viertel, den Aventin und das Kolosseum. Beide Linien kreuzen sich an der Stazione Termini. Es sind elektronische Kontrollsysteme installiert, man muss das entwertete Ticket bis zum Verlassen der Station aufbewahren.

Da das römische U-BAHN-NETZ derzeit umfassend modernisiert und ausgebaut wird (Linie C soll 2016 fertig sein, Linie D 2019), kann es immer wieder zu Einschränkungen kommen. Infos unter www.atac.roma.it.

Bus und Tram

sind die wichtigsten innerstädtischen Verkehrsmittel. Express-Linien (mit X gekennzeichnet) halten nur an jeder 2. oder 3. Haltestelle (z.B. Bus 40 zum

Stadtverkehr

Vatikan). An Sonn- und Feiertagen sowie nachts ist der öffentliche Verkehr – teilweise bei veränderter Streckenführung – eingeschränkt. 27 Nachtlinien (notturna n1–n27) decken das Stadtgebiet zwischen 23.30 und 5.30 Uhr im 15- bis 30-Minuten-Takt ab. Die Fahrscheine *(biglietti)* gelten für alle Verkehrsmittel (U-Bahn, Bus/ Tram). Man erhält sie an Automaten in den Metrostationen, an Zeitungskiosken, meist auch in Bars und Tabacchi-Läden. Ein einfaches Ticket (BIT, 100 Min. gültig, Bestellung per SMS möglich, Infos auf ATAC-Website) kostet 1,50 €, Tageskarte (BIG) 6 €, Drei-Tages-Karte (BTI) 16,50 €, Wochenkarte (CIS)

Er hilft gern weiter …

24 €. Tickets müssen bis zum Fahrtende aufbewahrt werden. Schwarzfahrern droht eine Geldstrafe von 100 €! Der drei Tage gültige Roma Pass › **S. 153** beinhaltet die Nutzung der öffentlichen Verkehrsmittel.

ATAC
Download von Linien- und Fahrplänen; Infos und Linienpläne auch am ATAC-Kiosk, Piazza dei Cinquecento, vor der Stazione Termini.
• Via Prenestina 45 | 00176 Roma | Tel. +39 0 65 70 03 | www.atac.roma.it

Taxi
Steigen Sie nur in offiziell zugelassene Taxis! Sie sind weiß oder gelb und haben einen Gebührenzähler. Taxifahren ist teuer. Am sichersten ist eine telefonische Bestellung: **ChiamaTaxi** (Tel. +39 06 06 09), **Taxi Tevere** (Tel. +39 06 41 57), **La Capitale** (Tel. +39 06 49 94) und **Pronto Taxi** (Tel. +39 06 66 45).

Fahrrad-, Roller- & Vespaverleih
Wer sich in den römischen Stadtverkehr wagen oder den Radweg entlang des Tibers erkunden will: Für ein Rad zahlt man pro Stunde 3–4 €, pro Tag 9–15 €, für Roller 30–50 € pro Tag.

Treno e Scooter [F6]
• Piazza dei Cinquecento (Staz. Termini) | 00185 Roma
Tel. +39 06 48 90 58 23 | www.trenoescooter.com

Stadtverkehr

Sightseeing-Tour mit dem Doppeldecker-Bus vor dem Monumento Vittorio Emanuele II.

On Road [E7]
- Via Cavour 80 | 00184 Roma | Tel. +39 0 64 81 56 69 | www.onroad.it

Ronconi Via Cavour 80 [D4]
- Viale delle Belle Arti 54/56 (Villa Borghese in Zoonähe) | 00196 Roma
Tel. +39 0 68 81 02 19 | www.ronconibiciclette.it

Stadtrundfahrten/Stadtführungen

Der offene rote Doppeldeckerbus der Linie **110 open** fährt zu den Hauptsehenswürdigkeiten (www.trambusopen.com, ab Piazza dei Cinquecento Ⓜ Termini, tgl. 8.30–19 Uhr alle 15 Min., Gesamtfahrzeit ca. 2 Std., Hop-on-hop-off-Ticket für 48 Std. 20 €). Vom antiken Zentrum zur Via Appia Antica verkehrt der offene grüne **Archeobus** (www.trambusopen.com, ab Piazza dei Cinquecento Ⓜ Termini, Fr–So 9 bis 16.30 Uhr alle 30 Min., ca. 1,5 Std., Hop-on-hop-off-Ticket für 48 Std. 12 €). Die wichtigsten kirchlichen Attraktionen steuern die offenen gelben Busse der Linie **Roma Cristiana** an (www.terravision.eu, ab Petersplatz/Via della Conciliazione, tgl. 9.30–18 Uhr alle 20 Min., ca. 1,5 Std., Hop-on-hop-off-Ticket für 24 Std. 20 €, 48 Std. 22 €). **Tiberschifffahrten** werden von 1. April bis 31. Oktober angeboten, z.B. Crociera hop-on-hop-off, 24-Std.-Ticket 16 €, zwischen Ponte Cavour und Ponte Garibaldi mit deutschem Audio-Guide. Tickets online oder an den Anlegestellen Ponte Sant'Angelo und Tiberinsel sowie an den HR (Hotel Reservation)-Schaltern an der Stazione Termini (Via Giolitti, vor der Post) sowie an den Flughäfen Fiumicino und Ciampino.

T.T.S. Tourist Travel Service S.r.l. [D7]
- Via della Tribuna Tor de' Specchi 16 | 00186 Roma | Tel. +39 06 97 74 54 14
www.battellidiroma.it

Unterkunft

»Caro, completo, cancellato …« Nicht nur in der Karwoche verzeichnet Rom großen Besucherandrang. Während hoher Feiertage ist eine Reservierung besonders in der Mittelklassekategorie dringend geboten.

Die Homepage von Turismo Roma, www.turismoroma.it, hilft bei Suche und Auswahl einer Unterkunft und führt direkt zur Online-Reservierung. Ebenfalls empfehlenswert sind Buchungsportale wie www.booking.com, www.hostelworld.com oder www.hrs.com. Einge Hotels bieten aber auf ihrer eigenen Internetseite die besten Konditionen. Auch Pauschalangebote (Flug und Hotel) sind oft günstiger. Vorsicht: Allzu günstige Zimmerangebote im Studentenviertel San Lorenzo nahe der Stazione Termini erweisen sich oft als billige Absteigen – laut und schmuddelig. Eine günstige Alternative bieten jedoch die schlichten Unterkünfte in religiösen Häusern und Pensionen, die das Pilgerzentrum auflistet (www.pilgerzentrum.net).

Durchschnittlich sollte man mit mindestens 70 € pro Hotelübernachtung im Doppelzimmer rechnen. Außerdem erhebt die Stadt Rom seit 2011 eine City-Tax, d.h. pro Nacht und Person sind im 1- bis 3-Sterne-Hotel 2 €, im 4- und 5-Sterne-Hotel 3 € zusätzlich zu zahlen. Die meisten Rombesucher bevorzugen der kurzen Wege und des abendlichen Corsos wegen eine Herberge im historischen Zentrum. Lärmempfindliche sollten überlegen, auf den Aventin, in den Borgo am Vatikan oder nach Prati auszuweichen.

Luxuriöse Hotelklassiker

Roms renommierte Flaggschiffe der Hotellerie haben ihren Sitz vorwiegend an der Via Vittorio Veneto, um die Piazza di Spagna und im noblen Stadtviertel Parioli. Aufgrund einer Sonderabgabe für diese Kategorie werben aber nicht alle mondänen Domizile mit den fünf Sternen und dem Zusatzzeichen »L« für Luxus (Lusso), der höchsten Kategorie.

Eden €€€ [D/E5]

Im Gästebuch stehen Ingrid Bergman, Luciano Pavarotti und Orson Welles.
- Via Ludovisi 49 | 00187 Roma
  Tel. +39 06 47 81 21
  www.edenroma.com

Excelsior €€€ [E5]

Die Luxusherberge im Empirestil verfügt über Restaurant, Bar und Garage.
- Via Vittorio Veneto 125 | 00187 Roma
  Tel. +39 0 64 70 81
  www.westin.com

Hassler Villa Medici €€€ [D6]

Treffpunkt von Hochfinanz und Aristokratie, Jetset und Persönlichkeiten des kulturellen Lebens.
- Piazza Trinità dei Monti 6
  00187 Roma | Tel. +39 06 69 93 40
  www.hotelhasslerroma.com

Hotel d'Inghilterra €€€ [D6]

Exklusive Adresse, Gästehaus der römischen Adelsfamilie Torlonia.

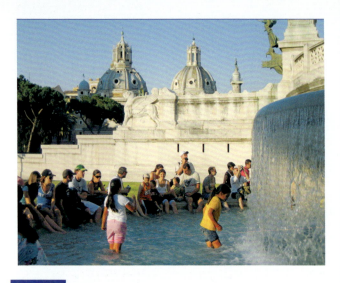

SPECIAL

Mit Kindern in der Stadt

Eine Stadtreise nach Rom kann auch kleineren Kindern großen Spaß bereiten. Die Parkanlagen römischer Villen bieten viel Platz zum Spielen und für Touren mit Fahrrädern oder Rollerblades, die man auch leihen kann. Außerdem gibt es spezielle Museumsangebote und sogar Stadtführungen für Kinder.

Freie Fahrt für Bambini

Kinder unter 10 Jahren fahren in den öffentlichen Verkehrsmitteln gratis. Wer unter 18 Jahre alt ist, hat freien Eintritt in staatliche Museen und Ausgrabungsstätten. Aber auch viele kommunale Museen gewähren freien oder ermäßigten Eintritt.

Über Stock und Stein

Der Park der **Villa Borghese** › **S. 107** bietet neben dem Zoo auch Ponyreiten, Puppentheater, Rad- und Rollschuhverleih sowie den Indoor-Spielplatz Casina di Raffaello › **S. 106** u. a. mit Betreuung für 3–10-jährige Kinder. Im Park verkehren auch Elektrozüge (*trenino*). In den Grünanlagen des **Gianicolo** locken Ponyreiten, ein Spielplatz und viel Auslauf, Erwachsene erfreut dabei die schöne Aussicht über Rom.

Einen vergnüglichen Familienbummel verspricht die **Via dei Fori Imperiali** am Sonntag – dann ist sie für den Verkehr gesperrt und wird zur Bühne für zahllose Straßenkünstler und deren erstaunliche Kunststücke

Im **Katzenasyl** am Largo di Torre Argentina › **S. 90** sind Streicheleinheiten ebenso willkommen wie Spenden (www.romancats.com, tgl. 12–18 Uhr).

30 Sommerlicher Badespaß am Vittoriano-Brunnen

Mit Kindern in der Stadt **SPECIAL**

Experimente und Zeitreisen

Museen machen Spaß, wenn man selbst forschen darf, wie im naturwissenschaftlichen Kindermuseum **Museo dei Bambini EXPLORA** für 0–12-Jährige und in der **Technotown** für 11–17-Jährige mit 3-D-Kino und vielem mehr.

Im **EUR-Viertel** › S. 135 eröffnet das **Planetarium** den Blick in die Sterne, das **Museo della Civiltà Romana** weckt mit Stadtmodellen Interesse für Roms Historie. Eine rasante Reise in die Vergangenheit ermöglicht der **Time Elevator Rome**: In beweglichen Sitzen vor einer Panoramaleinwand mit Special Effects vergehen 3000 Jahre Stadtgeschichte wie im Flug.

- **Museo dei Bambini EXPLORA** [C4]
  Via Flaminia 82 | 00100 Roma
  Metro A und Straßenbahn 2, 19 bis
  Flaminio/Piazza del Popolo
  Tel. +39 06 3 61 37 76
  www.mdbr.it
  Di–So Einlass: 10, 12, 15, 17 Uhr,
  ab 3 Jahre 7 €.
- **Technotown**
  Villa Torlonia | 00161 Roma
  Eingang: Via Spallanzani 1a
  Straßenbahn 3, 19 und Bus 60, 90
  www.technotown.it
  Di–So 9.30–19 Uhr, 6 €,
  Erwachsene 8 €.
- **Time Elevator Rome** [D7]
  Via di SS. Apostoli 20 / Via del Corso
  00187 Roma | Bus 40, 60
  www.time-elevator.it
  Shows (auch in Deutsch)
  tgl. 10.30–19.30 Uhr, alle 60 Min.,
  Dauer: 45 Min.; Eintritt (nur für Kinder
  ab 100 cm): 12 €, unter 12 Jahren 9 €.

Aktiv sommers wie winters

Spaß im Wasser versprechen das **Piscina delle Rose, 50 Dinge** ⑥ › S. 12, und das Badeparadies **Aquapiper**. Im Winter lockt im Parco della Musica › S. 42 eine große Eisfläche, **Pista di ghiaccio, 50 Dinge** ⑨ › S. 12, www.auditorium.com, Weihnachtsmarkt »Natale all' Auditorium«, Dez./Jan., mit Schlittschuhverleih 8 €/Std.

- **Piscina delle Rose**
  Viale America 20 | EUR-Viertel
  00144 Roma | Tel. +39 06 5 92 67 17
  Metro B bis EUR-Palasport | Juni–Sept
- **Aquapiper**
  Via Mammeramana Inferiore
  00012 Guidonia (im Nordosten),
  Gratisbus ab Piazza della Repubblica
  8.45 und 10.45 Uhr, Rückfahrt 18 Uhr
  www.aquapiper.it | Juni–Mitte Sept.

Für den Notfall …

- Kinderklinik **Ospedale Pediatrico Bambino Gesù** [B6/7]
  Piazza S. Onofrio 4 | 00165 Roma
  Tel. +39 0 66 85 91
  www.ospedalebambinogesu.it
- **Erste Hilfe für Kinder:**
  Tel. +39 06 68 59 23 51

Stadtführungen für Kinder

Roms Katzen sind Thema der Agentur RomaCulta, die weitere Führungen für Bambini mit oder ohne elterliche Begleitung anbietet (auch auf Deutsch). Der Preis variiert je nach Saison u. Teilnehmer von 120–150 € für 3 Std./Familie.

- **RomaCulta**
  Tel. +39 33 87 60 74 70 (deutsch)
  www.romaculta.it/rom_mit_kindern.
  html

Dachterrasse des Luxushotels Raphael

- Via Bocca di Leone 14 | 00187 Roma
Tel. +39 06 69 98 11
www.hoteldinghilterraroma.it

Raphael €€€ [C6]
Luxushotel nahe der Piazza Navona für jene, die höchste Hotelkultur schätzen.
- Largo Febo 2 | 00186 Roma
Tel. +39 06 68 28 31
www.raphaelhotel.com

San Anselmo €€€ [D9]
Stilles kleineres Haus auf dem Aventin.
- Piazza San Anselmo 2 | 00153 Roma
Tel. +39 06 57 00 57
www.aventinohotels.com

Mittelklassehotels

Hotels mit 2–3 Sternen liegen im Quartiere Prati, in der Nähe des Vatikans, des Tibers und der Piazza Navona.

Scalinata di Spagna €€€ [D6]
Schönes Haus, Dachterrasse mit Blick.
- Piazza Trinità dei Monti 17
00187 Roma | Tel. +39 06 69 94 08 96
www.hotelscalinata.com

Abruzzi €€€ [C6]
80 Zimmer von schlichter Eleganz gegenüber vom Pantheon.
- Piazza della Rotonda 69
00186 Roma | Tel. +39 06 97 84 13 51
www.hotelabruzzi.it

Hotel Portoghesi €€–€€€ [C6]
Guter Service, nahe Piazza Navona.
- Via dei Portoghesi 1 | 00186 Roma
Tel. +39 0 66 86 42 31
www.hotelportoghesiroma.it

Fontana €€–€€€ [D6]
Einige Zimmer des Hotels haben Blick auf den Trevibrunnen.
- Piazza di Trevi 96 | 00187 Roma
Tel. +39 0 66 78 61 13
www.hotelfontana-trevi.com

Teatro di Pompeo €€–€€€ [C7]
Beim Campo de' Fiori auf den Ruinen des Theaters des Pompejus.
- Largo del Pallaro 8 | 00186 Roma
Tel. +39 06 68 30 01 70
www.hotelteatrodipompeo.it

Santa Maria €€–€€€ [C8]
Zimmer mit Flair in einem renovierten Kloster aus dem 16. Jh. in Trastevere.
- Vicolo del Piede 2 | 00153 Roma
Tel. +39 0 65 89 46 26
www.htlsantamaria.com

Villa San Pio €€ [D9]
Gartenoase auf dem Aventin.
- Via Santa Melania 19 | 00153 Roma
Tel. +39 06 57 00 57
www.aventinohotels.com

Richmond €€ [E7]
Am Kolosseum, Dachterrasse mit Blick über das Forum Romanum.

Unterkunft

- Largo C. Ricci 36 | 00184 Roma
  Tel. +39 06 69 94 12 56
  www.hotelrichmondroma.com

Einfache Hotels und Pensionen

Schlichte Unterkünfte in wechselnder Qualität und Ausstattung gibt es im historischen Zentrum, im Quartiere Prati und bei der Stazione Termini. Fragen Sie nach dem Nachtportier, damit Sie nach Mitternacht nicht vor verschlossener Tür stehen.

Albergo Sole €€ [C7]
Die Pension beim Pantheon bietet schöne Zimmer und eine Terrasse mit Ausblick über das Centro Storico.
- Via del Biscione 76 | 00186 Roma
  Tel. +39 06 68 80 68 73
  www.solealbiscione.it

Hotel Navona €€ [C7]
Das ❗ familienfreundliche Haus ist oft ausgebucht. Weitere Zimmer in der Residenza Zanardelli.
- Via dei Sediari 8 | 00186 Roma
  Tel. +39 06 68 30 12 52
  www.hotelnavona.com

Santa Prisca €€ [D9]
In dem ehemaligen Kloster kann man Ruhe finden.
- Largo Manlio Gelsomini 25
  00153 Roma
  Tel. +39 0 65 74 19 17
  www.hotelsantaprisca.it

La Controra Hostel € [E6]
Hostel in toller Lage, nettes Personal.
- Via Umbria 7 | 00187 Roma
  Tel. +39 06 98 93 73 66
  www.hostelworld.com

Übernachten bei Römern

Bed & Breakfast, Privatzimmer und private Appartements erfreuen sich als kostengünstige Alternative immer größerer Beliebtheit.

Bed & Breakfast Italia [B/C7]
- Corso Vittorio Emanuele II. 282
  00186 Roma | Tel. +39 0 66 87 86 18
  www.bbitalia.it

Romabed
Deutsche Agentur vermittelt private Unterkunft im Zentrum.
- Vogelsgartenstr. 33
  67105 Schifferstadt
  Tel. 0 62 35/92 95 34
  www.romabed.de

Schlafen in Rom – erschwinglich und charmant

- Schlichte Fassade, aber Toplage. Im **Abruzzi** warten gemütliche Zimmer auf müde Touristen.
  › S. 32
- Mitten in einer Villengegend: Die **Villa San Pio** serviert das Frühstück im Garten. › S. 32
- Römische Eleganz gepaart mit familiärer Atmosphäre im einstigen Kloster: Willkommen im **Hotel Fontana**. › S. 32
- In bester Nachbarschaft: Die historischen Gemäuer des kleinen **Hotels Santa Maria** sind ideal für Nachtschwärmer und Romantiker. › S. 32
- Bei Familien besonders beliebt ist das **Hotel Navona**. › s. links

Essen & Trinken

La cucina Romana, die typisch römische Küche, hat eine lange Tradition. Seit der Antike gehören Fleischgerichte wie *Abbacchio al cacciatore* (pikant gewürztes Osterlamm nach Jägerart) zum Festmahl.

Saltimbocca alla Romana (Kalbsschnitzel mit Schinken und Salbei) hat seinen Ursprung ebenso am Tiber wie *Coda alla vaccinara* (mit Sellerie geschmorter Ochsenschwanz). Die in Italien geschätzten Innereien wie *Trippa alla Romana* (Kutteln) oder *Rigatoni con la pajata* (Pasta mit in Wein und Gemüse gegartem Kalbsgekröse) gehen auf die Armeleuteküche im Mittelalter zurück. Wie vor 2000 Jahren prägen noch heute Gemüse, Kräuter und Salate die gesunde, bekömmliche Küche Italiens. *Insalata* ist fester Bestandteil eines jeden Menüs. Gerne werden in Rom rohe Selleriestangen, Fenchelknollen, Karotten u.a. in eine Soße mit Olivenöl, Salz und Pfeffer gedippt und als *Cazzimperio* genossen. Beliebte Spezialitäten sind *Carciofi alla romana* (Artischocken mit Öl, Knoblauch und Minze geschmort) und *Carciofi alla giudía* (in der Pfanne frittierte Artischocken).

Antipasti und Nudelgerichte

Dem Vatikan-Bibliothekar Bartolomeo Sacchi ist die Entwicklung des römischen *Antipasto* zu verdanken. Er empfiehlt in seinem 1475 edierten Bestseller »Über die ehrliche Freude und das Wohlbefinden«, das römische Gastmahl mit Obst zu starten. So wurde Schinken mit Melone, Feigen oder

An der Künstlerstraße Via Margutta liegt das vegetarische Restaurant gleichen Namens

Pfirsichen in der Renaissance zum Renner. Inzwischen haben sie ihren Siegeszug um den Erdball vollbracht. Echte Küchenklassiker sind die Nudelgerichte: *Spaghetti alla carbonara* (mit Ei und Speck), *Bucatini all' amatriciana* (mit Speck, Tomaten, Pecorino), *Penne all'arrabbiata* (mit Chili), *Pasta e fagioli* (mit weißen Bohnen) oder einfach *Fettucine al burro* (mit Butter).

Ausgehviertel

Neben dem Centro Storico zählen Monte Testaccio und Trastevere zu den beliebtesten Ausgehvierteln. In Trastevere findet sich auch die höchste Dichte angenehmer Restaurants, Cafés, Clubs und Bars – Lokalitäten für jeden Geschmack und Geldbeutel, die auch von Römern gern aufgesucht werden. Durchstreifen Sie Vicolo del Moro, Via della Luce, Via della Scala und Vicolo del Cinque. Im Studentenviertel San Lorenzo nahe Termini locken preiswerte Trattorien, auch rund um das Kolosseum und entlang der Via S. Giovanni in Laterano finden Sie viele gute, bodenständige Trattorien.

In den BARS gelten zwei Preiskategorien: WENIGER ZAHLT MAN, WENN MAN AN DER BAR STEHEND TRINKT. Falls Sie sich setzen möchten, wird es teurer. Trinkgeld, zwischen 5 und 10%, lässt man auf dem Tisch liegen.

Spitzenküche

La Pergola €€€
Sternegeschmücktes Dachterrassenrestaurant oberhalb vom Vatikan mit erlesener Küche und toller Aussicht über die Stadt und die Peterskirche. Reservierung notwendig.
• im Hotel Hilton Cavalieri
  Via Cadlolo 101 | 00136 Roma
  Tel. +39 06 35 09 21 52
  www.romecavalieri.com
  nur abends, So/Mo geschl.

Sapori €€€ [D4]
Topadresse der Via-Veneto-Szene. Es wird nach jahreszeitlichem Angebot gekocht – ökologisch und äußerst wohlschmeckend. Reservierung notwendig.
• im Hotel Lord Byron
  Via G. de Notaris | 00197 Roma
  Tel. +39 0 63 22 04 04
  www.lordbyronhotel.com
  So, Mo Mittag geschl.

Typisch römisch

Ristorante Apuleius €€€ [D9]
❗ Klassische römische Rezepte modern interpretiert werden hier an den Mauern des 2000 Jahre alten Dianatempels serviert. Auch große Auswahl guter Weine.
• Via del Tempio di Diana 15 | Aventin
  00153 Roma | Tel. +39 06 57 28 92 29
  www.apuleius.it | So geschl.

Primo al Pigneto €€–€€€
Kreative und saisonale Küche, typisch römisch auf hohem Niveau.
• Via del Pigneto 46 | Pigneto
  00176 Roma | Tel. +39 06 701 38 27
  www.primoalpigneto.it | Mo geschl.

Da Armando al Pantheon €€ [C6/7]
Alteingesessener Familienbetrieb, dessen einfache und deftige Küche auch von Politikern aus dem nahen Parlament geschätzt wird. **50 Dinge** ⑪ › S. 13.
• Salita de'Crescenzi 31

Centro Storico | 00186 Roma
Tel. +39 06 68 80 30 34
www.armandoalpantheon.it
Sa Abend und So geschl.

Trattoria Perilli €–€€ [C/D9]
Römische Kalorienbomben seit mehr als 80 Jahren. Immer schon »in«.
- Via Marmorata 39 | Testaccio | 00153
  Tel. +39 0 65 74 24 15 | Mi geschl.

Buttero € [C8]
Deftige römische Küche, auch Pizza.
- Via Lungaretta 156 | Trastevere

Lieblingsrestaurants der Römer

- Futtern wie bei Muttern: Das Essen in der **Trattoria Da Marcello** schmeckt Medienleuten wie Studenten. › **S. rechts**
- Innovative römische Kochkunst in elegant-gemütlicher Atmosphäre genießen Sie im **Ristorante Apuleius**. › **S. 35**
- Eltern schätzen die lockere Atmosphäre, Kinder die leckere Pizza im **Ristorante Krugh.** › **S. 37**
- Urrömische Trattoria auf der Tiberinsel: **Sora Lella** ist wegen ihrer traditionell-bodenständigen Gerichte beliebt. › **S. 89**
- **Il Margutta** zeichnet sich durch vegetarische Gerichte, künstlerisches Ambiente und prominente Gäste aus. › **S. 96**
- Junge Römer treffen sich vor dem Ausgehen auf eine Pizza bei **Ivo a Trastevere**. › **S. 132**

00153 Roma | Tel. +39 0 65 80 05 17
So geschl.

Da Marcello €
Urrömische Trattoria, wo die *mamma rigatoni alla carbonara* oder *alla gricia* kocht. Reservierung ratsam.
- Via dei Campani 12 | San Lorenzo
  00185 Roma | Tel. +39 0 64 46 33 11
  www.osteriadamarcello.it
  nur abends, Sa/So geschl.

Hostaria Nerone € [E7]
Alter Familienbetrieb, römische Küche, gute Fischgerichte. Schöne Aussicht auf Kolosseum und Trajansthermen.
- Via Terme di Tito 96
  Kolosseum | 00184 Roma
  Tel. +39 0 64 81 79 52 | So geschl.

Trattorien und Pizzerien

Meridionale €–€€ [C8]
Beliebtes Lokal mit 1950er-Jahre-Atmosphäre. Kreative, mediterrane Küche mit Schwerpunkt auf Vegetarischem.
- Via dei Fienaroli 30a
  Trastevere | 00153 Roma
  Tel. +39 0 65 89 71 96
  mittags und So geschl.

Uno e bino €–€€
Bis Mitternacht serviert Gloria ihre vegetarischen Menüs, es gibt aber auch Fisch- und Fleischgerichte. Reservieren!
- Via degli Equi 58
  San Lorenzo | 00185 Roma
  Tel. +39 0 64 46 07 02
  mittags und Mo geschl.

La Piazzetta de Trastevere €–€€ [C8]
Fisch und Fleisch vom Grill, Holzofenpizza, hausgemachte Dolci.
- Via Cardinale Merry Del Val 16B

Essen & Trinken

In den Restaurants von Trastevere kocht der Chef meist selbst

Trastevere | 00153 Roma
Tel. +39 0 65 80 62 41
www.lapiazzettadetrastevere.com
Mi Mittag geschl.

Ristorante Krugh €–€€ [B6]
❗ Familienfreundliches Lokal in der Nähe von Engelsburg und Vatikan.
• Via Properzio 30 | Borgo
00193 Roma | Tel. +39 06 68 21 08 95
Mo geschl.

Volpetti Più € [C9]
Traditionell bodenständig: Mittags unbedingt auch den Nachtisch probieren, abends superleckere Pizza.
• Via Alessandro Volta 8
Testaccio | 00153 Roma
Tel. +39 06 574 23 52
www.volpetti.com
So geschl., Aug. abends geschl.

La Gensola € [C8]
Köstliche sizilianische Küche in einer der ältesten Osterien Roms.
• Piazza della Gensola 15 | Trastevere
00153 Roma | Tel. +39 06 58 33 27 58
www.osterialagensola.it

Zampagna € [D10]
Rustikale Trattoria mit traditionellen Gerichten wie *pasta e fagioli* (Nudeln mit Bohnen) und *spaghetti cacio e pepe* (Käse und Pfeffer).
• Via Ostiense 179
Testaccio | 00154 Roma
Tel. +39 0 65 74 23 06
Mo–Sa mittags

Tram tram €
Extravagante Rezepte, reiches Weinsortiment. Spezialitäten sind Fischsuppe und Spaghetti mit Gemüse.
• Via dei Reti 44 | San Lorenzo
00185 Roma | Tel. +39 06 49 04 16
www.tramtram.it | Mo geschl.

Enotece mit Speisekarte
Enoteca Ferrara €€ [C8]
Neben einer guten Getränkeauswahl locken fantasievolle Gerichte.
50 Dinge ⑭ › S. 13.
• Via del Moro 1/A
Trastevere | 00153 Roma
Tel. +39 06 58 33 39 20
www.enotecaferrara.it
nur abends

Essen & Trinken

Le Fate €–€€ [B/C9]
Weinbar mit schmackhafter römischer
Küche.
• Viale di Trastevere 130 | 00153 Roma
  Tel. +39 0 65 80 09 71
  www.lefaterestaurant.it
  nur abends geöffnet, Mi geschl.

Enoteca Corsi € [D7]
Zum Wein munden leckere Suppen und
köstliche Mandelkekse.
• Via del Gesù 87
  Centro Storico | 00186 Roma
  Tel. +39 0 66 79 08 21
  So, Fei und Aug. sowie abends geschl.

Shopping

Das Herz von Roms Alta Moda pulsiert in den Straßen um die Piazza di
Spagna: in der **Via Condotti**, der **Via Frattina** und der **Via Borgognona**. Hier
liegen die attraktivsten Showrooms und glitzernden Vitrinen der weltbe-
rühmten, internationalen Designer und Modeschöpfer.

Günstiger sind die Boutiquen in der **Via del Corso, Via dei Giubbonari** oder
an der **Via Nazionale**. Gute Shoppingmeilen für jeden Geschmack sind auch
die **Via Cola di Rienzo** oder die **Via Appia Nuova**.

Moda Italiana

Krizia [D6]
Die Modekreationen der Mailänderin
Mariuccia Mandelli werden vor allem
von jungen Frauen geliebt.
• Piazza di Spagna 87 | 00187 Roma
  www.krizia.it

Angelo di Nepi [D6, C7, B5]
Farbenfrohe Samt- und Seidenstoffe in
modernen Schnitten, zum Schwelgen in
Farben und Material.
• Via Frattina 2 | 00187 Roma
  Via dei Giubbonari 28 | 00186 Roma
  Via Cola di Rienzo 267 a
  00193 Roma | www.angelodinepi.it

Caleffi [D6]
Der Inbegriff klassischer und hochwerti-
ger Herrenmode in zeitlosen Schnitten.
• Via Colona Antonina 53 | 00186 Roma
  www.caleffi.net

David Saddler [C5, D/E7]
Klassische Herrenanzüge – gute Qualität zu erschwinglichen Preisen.
• Via del Corso 10 | 00186 Roma
  Via Nazionale 184 | 00184 Roma
  www.david-saddler.com

Diesel [D6]
Nicht nur für modebewusste Teenies
und Twens.
• Via del Corso 186 | 00186 Roma
  www.diesel.com

Discount dell'Alta Moda [D5]
Keine aktuellen Kollektionen, aber Desi-
gnerklamotten zu Schnäppchenpreisen.
• Via Gesù e Maria 14/16 a
  00187 Roma

Le Grandi Firme [D7]
Hier hängt die Alta Moda des Vorjahres
zu stark reduzierten Preisen.

Shopping

- Via degli Astalli 18 | 00186 Roma
  (Nähe Pantheon)
  www.outletgrandifirme.com

Accessoires
Fausto Santini [D6]
Schuhe aus feinstem Leder von klassisch bis trendverdächtig. Im Outlet gibt es die Vorjahreskollektion zum erschwinglicheren halben Preis.
- Via Frattina 120 | 00187 Roma
  Outlet Via S. Maria Maggiore 165
  00100 Roma
  www.faustosantini.it

Loco [C7]
Extravagante Schuhe von Roberto Cavalli oder Moma sowie originelle Accessoires.
- Via dei Baullari 22 (Nähe Piazza Navona) | 00186 Roma

La Perla [D6]
Edle Dessous aus dem Hause des renommierten italienischen Labels.
- Via Condotti 79 | 00187 Roma

Mondello Ottica [C7]
Originelle Brillen von den besten – und teuersten – italienischen und internationalen Designern.
- Via del Pellegrino 96–98
  00186 Roma (Nähe Piazza Navona)

Sermoneta [D6]
Lederhandschuhe. **50 Dinge** (37) › S. 16.
- Piazza di Spagna 61 | 00187 Roma
  www.sermonetagloves.com

Antiquitäten
Berühmt für Antiquitäten sind die Via del Babuino und Via Margutta sowie die Via dei Coronari.

Antiquarius Stampe e Libri [C6/7]
- Corso del Rinascimento 63
  00186 Roma | www.antiquarius-sb.com

Nardecchia [C6/7]
- Piazza Navona 25 | 00186 Roma

Alinari [D5]
Reproduktionen historischer Fotos.
- Via Alibert 16a | 00187 Roma
  www.alinari.it

Das besondere Souvenir
Ai Monasteri [C6/7]
Nostalgischer Laden mit ausgesuchten Produkten aus italienischen Klöstern.
- Corso del Rinascimento 7
  00186 Roma (Nähe Piazza Navona)
  www.monasteri.it

Blick in die Via Condotti

Shopping

Gammarelli [C7]

Beim Pantheon hat der Hofschneider der Päpste seinen Laden. Rosenkränze und andere religiöse Artikel finden Sie in benachbarten Geschäften.

**! Erst-
! klassig**

Frisch, bunt, stimmungsvoll – römische Märkte

- Zwischen Lebensmitteln, Gemüse und Obst findet man auf dem **Campo de'Fiori** das Rom, das man aus Literatur, Film und Kunst kennt. Nach dem Einkaufen genießt man das Treiben in einem der Cafés in der Umgebung. Mo–Sa 6–13.30 Uhr › S. 90
- Der **Nuovo Mercato Esquilino** bietet einen Mix der Kulturen bei Verkäufern und Waren, von chinesisch und japanisch bis bangladesisch › S. 112
- Der Flohmarkt **Porta Portese** in Trastevere ist der bekannteste Markt Roms. Achtung: Taschendiebe! So 6–14 Uhr › S. 131
- Die **Città dell'Altra Economia** in Testaccio lockt mit Biomarkt und Kunsthandwerk unter freiem Himmel; außerdem Biorestaurant, Largo Dino Frisullo [C10], 00153 Roma, www.cittadellaltraeconomia.org, Sa/So 9–17 Uhr
- Beim Bau der neuen Markthalle des **Mercato Testaccio** entdeckte man passenderweise einen antiken Markt. Besonderes Angebot neben Lebensmitteln: Schuhe › S. 124, Via Volta [C9], 00153 Roma, Mo–Sa 6–13.30 Uhr

- Via di Cestari/
  Via di Santa Chiara 34 | 00186 Roma
  www.gammarelli.com

Euroclero [A/B6]

Großmarkt nicht nur für den Klerus. Günstige Socken oder Unterwäsche – züchtig-schlicht – für jedermann.

- Via Paolo VI. 31
  (am Petersplatz) | 00193 Roma
  www.euroclero.it

Küchendesign Made in Italy
C.U.C.I.N.A. [M6]

Nahe der Spanischen Treppe gibt es innovative Küchenutensilien.

50 Dinge ㉞ › S. 16.

- Via Mario de' Fiori 65 | 00187 Roma
  www.cucinastore.com

'Gusto [C5/6]

Imperium des Geschmacks mit Küchen-, Kochbuch- und Lebensmittelabteilung sowie mehreren Restaurants.

- Piazza Augusto Imperatore 9
  00186 Roma | www.gusto.it

Leone Limentani [C7]

Wie das Warenlager eines Großhändlers sieht das seit 1820 beste Haushaltswarengeschäft Roms aus.

- Via Portico d'Ottavia 47
  (Souterrain; Nähe Teatro di Marcello)
  00186 Roma | www.limentani.com

Gaumenfreuden
Antica Norcineria Viola [C7]

Die legendäre Metzgerei, von außen unscheinbar, aber vielfach preisgekrönt, bietet seit 1890 eine riesige Auswahl an Salsicce, Schinken und edelsten Fleischzubereitungen.

- Campo de' Fiori 43 | 00186 Roma

Enoteca al Parlamento [C6]
Hervorragend sortiert, hilfreiche Beratung, Verkostung; auch Versand ins Ausland.
- Via dei Prefetti 15 | 00186 Roma
  www.enotecaalparlamento.it

Volpetti [C/D9]
Gourmettempel mit bestem italienischem Käse, Balsamicoessig, Olivenöl, Pasta, Weinen und Grappe; auch Versand.
50 Dinge (19) › S. 14.
- Via Marmorata 47 | 00153 Roma
  www.volpetti.com

Italienische Köstlichkeiten bei Volpetti

Am Abend

Der abendliche Corso im historischen Zentrum gehört zu den Höhepunkten eines Rom-Besuchs. Nahe der Piazza Navona sind die preiswerten Trattorien und Bars am Vicolo della Pace, an der Via Santa Maria dell'Anima oder rund um die Piazza del Fico zu empfehlen.

Zu den beliebten Anlaufstellen der Römer gehören die Eisdielen (Gelaterie; › S. 87). Hinter jeder Theke locken einige besonders cremige und/oder fruchtige Sorten – einfach durchprobieren! Ein weiterer wichtiger Treff ist Trastevere, wo man nach dem Essen im Freien flaniert, Straßenmusikanten lauscht oder einen Drink genießt. Roms Szene tanzt mit Vorliebe am Monte Testaccio › S. 124. Im preiswerteren Stadtteil San Lorenzo hat sich eine illustre lokale Szene von Studenten, Künstlern und Medienmachern etabliert. Nicht vergessen: Roms Nachtleben beginnt erst »dopo cena« (nach dem Abendessen) – gegen 23 Uhr!

Theater

Das aktuelle Programm steht in der Tagespresse oder in den Wochenheften »Roma c'è« und »Trova Roma« (Do in »La Repubblica«), außerdem liegt in vielen Hotels und an Info-Punkten »L'Evento« (inkl. engl. Kurzfassung) aus. Im Rahmen der »Estate Romana« › S. 58 finden Freiluftveranstaltungen in Ostia Antica, im Anfiteatro del Tasso oder im Giardino degli Aranci statt.
- Kartenvorbestellung im Internet:
  www.ticketone.it

Teatro Argentina [C7]
- Largo Torre Argentina 52
  Tel. +39 0 66 84 00 03 11

00186 Roma
www.teatrodiroma.net

Teatro Eliseo und Piccolo Eliseo [D7]
• Via Nazionale 183 | 00184 Roma
Tel. +39 06 48 87 22 22
www.teatroeliseo.it

Oper, Operette, Konzert
Großes Vergnügen bereiten die sommerlichen Hof- und Kammerkonzerte, z.B. im **Giardino dell'Acqua Paola,** Trastevere, im **Kreuzgang von San Clemente** oder im **Marcellus-Theater,** www.tempietto.it.

Teatro dell'Opera [E6]
Roms Aushängeschild in Sachen konventioneller Kulturarbeit. Während der Estate Romana finden Open-Air-Opernabende in den Caracallathermen statt.
• Piazza Beniamino Gigli 1
00187 Roma
Tel. +39 06 48 16 02 55
www.operaroma.it

Auditorium Parco della Musica [C2/3]
Das Auditorium von Stararchitekt Renzo Piano (drei Säle, großes Open-Air-Areal) im Norden der Stadt ist der ganze Stolz Roms. Es steht klassischen Konzerten wie auch Pop- und Rock-Gigs oder Tanz und experimentellem Theater offen. Eine wichtige musikalische Einrichtung und Teil des Auditoriums ist die **Accademia Nazionale di Santa Cecilia**
• Viale Pietro de Coubertin 30
00196 Roma | www.santacecilia.it
Tel. +39 06 80 24 12 81 (allg. Infos)
Programm und Karten über
Tel. 892 982 (nur in Italien) oder unter
www.auditorium.com

Jazz und moderne Musik
Locanda Atlantide
• Via dei Lucani 22 | San Lorenzo
00185 Roma | Tel. +39 06 44 70 45 40
www.locandatlantide.com
tgl. 22–3 Uhr

Fonclea [B6]
• Via Crescenzio 82 a
Nähe Vatikan | 00193 Roma
Tel. +39 0 66 89 63 02
www.fonclea.it | tgl. 19–2 Uhr

Alexanderplatz [A5]
Eine der römischen Institution des Jazz, in der es fetzig zugeht.
• Via Ostia 9 | Nähe Vatikan
00192 Roma | Tel. +39 06 39 74 21 71
www.alexanderplatz.com
Mo–Sa 20–3 Uhr

Big Mama [C8]
Hier treffen sich nicht nur Blues-Fans.
• Vicolo S. Francesco a Ripa 18
Trastevere | 00153 Roma
Tel. +39 0 65 81 25 51
www.bigmama.it | tgl. 21–1.30 Uhr

Planet Roma Disco Club [C10]
Angesagte Location für Konzerte.
• Via del Commercio 36–38
Ostiense | 00154 Roma
Tel. +39 0 65 74 78 26
www.planetroma.com
Di–So 22–4 Uhr, Juli/Aug. geschl.

Diskotheken
An welchen Abenden welche Bands wo spielen oder wo die Stars der DJ-Szene die Nächte in den Diskos aufmischen, erfährt man aus dem »Roma c'è« (mit engl. Zusammenfassung).
› **auch Special S. 124**

Am Abend

Festlicher Abend im Teatro dell'Opera

Piper [F4]
Absoluter Trendsetter.
- Via Tagliamento 9 | 00198 Roma
  Tel. +39 0 68 55 53 98
  www.piperclub.it
  Do–So 22.30–4.30 Uhr

Boem [E5]
Rüttelt seit einiger Zeit kräftig am Ruf von Piper.
- Via Velletri 13 | 00198 Roma
  Tel. +39 0 68 41 22 12
  www.boeme.it
  Do–Sa ab 23 Uhr

L'Alibi [C10]
In der Szene sehr beliebte Gay- und Hetero-Disko, im Sommer mit Terrasse.
- Via di Monte Testaccio 40/44
  00153 Roma | Tel. +39 0 65 74 34 48
  Mi–So 23–4.30 Uhr

Gilda [D6]
Gilt seit jeher als besonderer Magnet für Roms flirrenden Jetset.
- Via Mario de Fiori 97 | 00187 Roma
  Nähe Spanische Treppe
  Tel. +39 0 66 78 48 38
  Mo und Juli/Aug. geschl., sonst
  23.30–4 Uhr

La Saponeria
Die angesagtesten DJs der Welt legen in der »Seifenfabrik« in Ostiense auf.
- Via degli Argonauti 20 | Ostiense
  00154 Roma | Tel. +39 0 65 74 69 99
  www.saponeriaclub.it
  Mi–Sa 22.30–5 Uhr

Sinister Noise [C/D10]
Club mit Rock und Soul über Garage bis zu Post-Punk.
- Via dei Magazzini Generali 4B
  Ostiense | 00154 Roma
  www.sinisternoise.com
  tgl. 19–4 Uhr

Rashomon Club
Dunkle Ziegelwände reflektieren Indie- und New-Wave-Musik, immer auf der Suche nach neuen Klängen, alternativer Underground-Look.
- Via degli Argonauti 16
  Ostiense | 00154 Roma
  www.rashomonclub.com
  Do–Sa 11–4 Uhr, Juli/Aug. geschl.

Buntes Treiben an der Piazza della Rotonda

LAND & LEUTE

Steckbrief

- **Lage:** 41° 54' N, 12° 30' O, in der Region Latium
- **Fläche:** 1290 km², davon Vatikanstaat 0,44 km²
- **Stadtbezirke:** 22 innere Stadtviertel *(rioni)*, 35 äußere Stadtviertel *(quartieri)*, 6 Vorstädte *(borgate)*
- **Einwohner:** 2,7 Mio.
- **Bevölkerungsdichte:** 2053 Einw./km²
- **Religion:** 98 % römisch-katholisch
- **Stadtwappen:** S.P.Q.R. (Senatus Populusque Romanus, dt.: Senat und Volk von Rom)
- **Stadtpatrone:** hll. Petrus und Paulus (Feiertag: 29. Juni)
- **Telefonvorwahl:** + 39 06
- **Zeitzone:** MEZ
- **Währung:** Euro (€)

Lage und Landschaft

Rom liegt auf etwa dem gleichen Breitengrad wie Barcelona, eingebettet in die Campagna Romana an den Ufern des Tibers, der die Stadt von Nord nach Süd durchfließt. Die Hügellandschaft der Campagna erstreckt sich im Norden bis zu den Monti della Tolfa und Sabatini, im Osten bis zu den Monti Sabini und Prenestini, grenzt im Süden an die Colli Albani und im Westen an das tiefe Schwemmland der etwa 20 km entfernten Küste des Tyrrhenischen Meeres.

Die sieben klassischen Hügel Palatino, Campidoglio, Aventino, Quirinale, Viminale, Esquilino und Celio, zwischen denen sich die römischen Foren und das Centro Storico ausbreiten, liegen östlich, Vatikan, Trastevere und Gianicolo westlich des Tibers.

Bevölkerung

Roms Bevölkerungsentwicklung spiegelt sein wechselhaftes Schicksal wider: Lebten unter der Herrschaft Trajans mehr als 1 Mio. Menschen am Tiber, so waren es nach dem Zerfall des Römischen Reiches nur noch 15 000. Obwohl die Einwohnerzahl rasch wieder anstieg, führte der Wegzug der Päpste nach Avignon Anfang des 14. Jhs. zur erneuten Reduktion auf 20 000 Bewohner. Erst um 1870 war Rom mit 200 000 Menschen wieder eine Großstadt, bis 1900 verdoppelte sich die Zahl.

Heute zählt die Stadt fast 2,7 Mio. Einwohner. Doch hohe Mieten und sinkende Lebensqualität treiben viele Römer ins Umland. Die Bevölkerung des Centro Storico sank in 30 Jahren um ein Drittel. Bei gleichzeitiger Abwanderung des traditionellen Kleingewerbes in die Außenviertel gerät die vielgerühmte römische Mischung in Gefahr. Das wahre römische Leben findet man auch um den Campo de' Fiori, im einstigen Ghetto sowie in Trastevere und Testaccio immer seltener.

1980 wurden die Altstadt von Rom, die Vatikanstadt und der Petersdom von der Unesco zum Welterbe erklärt.

Die »Romani di Roma« sind mit Recht stolz auf ihre große Vergangenheit und den Papst, doch echte Römer sind seit jeher in der Minderheit. In der Antike kamen Sklaven und Legionäre hierher, in Renaissance und Barock Künstler u.a. aus der Toskana und Umbrien, nach 1871 Beamte und Soldaten aus Piemont, später arbeitssuchende Süditaliener. Etwa 7,2 % der Einwohner sind Ausländer (*stranieri*). Außerdem bevölkern alljährlich 6 Mio. Touristen die Straßen.

Wirtschaft und Politik

Rom ist die Hauptstadt Italiens und der Region Latium. Über 80 % der Bevölkerung arbeiten im Dienstleistungsbereich: Versicherungen, Banken und Behörden bestimmen das Wirtschaftsleben. Dem 48-köpfigen Gemeinderat auf dem Kapitol steht seit 2013 der Transplantationschirurg Ignazio Marino von der Partito Democratico vor, der seit 2006 im italienischen Senat saß. Er löste Gianni Alemanno von der Berlusconi-Partei PdL als Bürgermeister ab. Alemanno wiederum folgte 2008 dem Linksdemokraten Walter Veltroni (PD), dessen großer Verdienst 2001–2008 die Wiedereröffnung einiger jahrzehntelang geschlossener Museen war.

Rom ist Sitz der UNO-Unterorganisationen FAO, IFAD und WFP. Innerhalb der Stadt ist der Vatikanstaat eine unabhängige Enklave mit dem Papst als Regierungschef. Seit 2013 ist Papst Franziskus als Nachfolger von Benedikt XVI. das Oberhaupt der römisch-katholischen Kirche und Bischof von Rom.

Roma verde

Der 2007 erstellte Flächennutzungsplan der Stadt Rom erklärte 90 000 ha im Umland zur nicht bebaubaren Fläche. Der Schutz der Grünzonen, Lebensraum von 162 Tier- und über 1400 Pflanzenarten, soll Bodenspekulation unterbinden. Der Wandel zur grünen Metropole geht mit Fahrverboten, neuen Fußgängerzonen und dem Ausbau des öffentlichen Nahverkehrs einher: Eine Zweigstrecke der Metrolinie B in den Stadtteil Montesacro wurde 2012, die Linie C über die Altstadt zum Vatikan wird voraussichtlich 2016 in Betrieb genommen. In Planung ist die 22 km lange Linie D aus der Altstadt in die nördlichen und südlichen Stadtviertel.

Der Plan Roms, sich für Olympia 2020 zu bewerben, scheiterte jedoch wegen der Finanzkrise in Italien. Weitere Bewerbungen sind noch nicht angedacht.

Geschichte im Überblick

»Sieben, fünf, drei – Rom schlüpft aus dem Ei!« Es ist kinderleicht, sich das Jahr zu merken, in dem die Legende die Gründung der Siebenhügelstadt ansiedelt. Mythisch wird sie den Zwillingen Romulus und Remus zugeschrieben, die von einer Wölfin gesäugt und vom Hirten Faustulus erzogen worden sein sollen.

Älteste Siedlungsfunde datieren allerdings aus einer weit früheren Zeit. Zu den ersten Bewohnern zählten die Sabiner, die wie ihre italischen Stammesvettern dem Stiergott huldigten. Der alte Name Italia, Italien, leitet sich eventuell von den Anhängern dieses Kultes, den »Vituli« (Söhne des Stiers), ab. Ihren Geburtstag feiert die Ewige Stadt, deren Name wohl auf das etruskische »Ruma« zurückgeht und eine Grenzfeste bezeichnete, jedes Jahr am 21. April.

Königszeit

Ab 715 v. Chr. Der Einfluss der nördlich von Rom siedelnden Etrusker schlägt sich in der ersten Entwicklungsphase Roms nieder. Staat und Armee ordnen sich nach etruskischem Muster, der König ist Heerführer und Pontifex maximus (oberster Priester) zugleich.

Den sagenhaften Etruskerkönigen Numa Pompilius (er soll italische und etruskische Religionsvorstellungen vermischt und so zum Aufbau der römischen Götterwelt beigetragen haben), Tullus Hostilius und Ancus Marcius folgen vier weitere Regenten. Unter Tarquinius Priscus werden ab 616 v. Chr. die Melioration der Tiberufer zwischen Kapitol, Palatin und Esquilin in Angriff genommen und die Cloaca maxima gebaut. Servius Tullius wird die erste Stadtmauer zugeschrieben; Reste finden sich nahe der Stazione Termini. Gemeinsam mit seinem Nachfolger Tarquinius Superbus sorgt er für den Ausbau der lokalen Vormachtstellung.

509 v. Chr. Das Reich der Tarquinier endet mit dem Sturz des letzten Herrschers. Tyrannenmörder ist ein Ahnherr der Familie des späteren Cäsar-Attentäters Brutus.

Republikanische Zeit

Nunmehr fungiert die auf dem Marsfeld tagende Heeresversammlung als oberstes Machtorgan. Nicht die Zugehörigkeit zu einem Adelsgeschlecht (Gens), sondern die Vermögenslage entscheidet über den Einflussgrad. Neben den Volksversammlungen bilden der Senat als Ältestenrat sowie die Magistrat die Säulen für den Aufstieg Roms. Senatus Populusque Romanus – SPQR –, Senat und Volk von Rom, wird offizielle Bezeichnung der römischen Republik. Beamte (Konsuln, Quästoren, Prätoren, Zensoren, später Ädilen) werden auf Zeit gewählt. Konflikte zwischen Volk und Adel führen zu einer Reihe von neuen Gesetzen, die das Leben in den vier Stadt- und

Geschichte im Überblick

17 ländlichen Bezirken Roms lange Zeit verbindlich regeln.
396 v. Chr. Der Niedergang des Etruskerreiches beginnt mit der Eroberung der Stadt Veji.
387 v. Chr. Die Kelten, die zu Jahrhundertbeginn in Italien eingefallen sind, fügen Rom eine schwere Niederlage zu.
146 v. Chr. Der Dritte Punische Krieg endet mit der Zerstörung Karthagos in Nordafrika. Rom erringt die Vormachtstellung im gesamten westlichen Mittelmeer.
81 v. Chr. Nach Niederwerfung der Reformbewegung der Gracchen setzt Sulla Truppen gegen die Bevölkerung ein. Die Senatoren werden zur beherrschenden Schicht, Volkstribune entmachtet. Pompejus und Gaius Julius Cäsar (100 bis 44 v. Chr.) bauen den Machtbereich zum Imperium aus, republikanische Rechte existieren de facto nicht mehr.

Kaiserzeit

27 v.–14 n. Chr. Oktavian erhält den Ehrentitel Augustus und begründet das Kaisertum. Er lässt öffentliche Gebäude mit Marmor verkleiden: Rom wird zur »weißen Stadt«.
64 n. Chr. Kaiser Nero lässt nach einem verheerenden Großbrand in der Stadt sein »Goldenes Haus« (Domus Aurea) bauen.
98–117 Unter Kaiser Trajan erreicht das Römische Imperium seine größte Ausdehnung.
117–138 Hadrian konsolidiert die Reichshoheit und schottet das Imperium vor den »Barbaren« ab. Blüte hellenistischen Kulturguts.
193–235 Die Severer erleben nach Septimius Severus (Triumphbogen auf dem Forum Romanum) den Tyrannen Caracalla und Heliogabal (Elagabal), den von Antonin Artaud verherrlichten syrischen »Anarchisten auf dem Thron«.

Die kostbare Antikensammlung in den Vatikanischen Museen

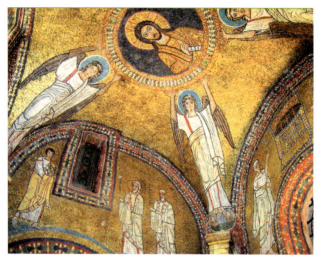
Mittelalterliches Goldmosaik in Santa Prassede

235–284 Unter den Soldatenkaisern beginnt der Abstieg des Imperiums. Aurelian lässt die Stadtmauer errichten. Grausame Christenverfolgungen unter Decius und Valerian.
284–305 Diokletian teilt das Reich in vier Herrschaftszonen und begründet die Tetrarchie. Angesichts einer zerrütteten Wirtschaft flüchten viele Bürger aus Rom.
312–337 Konstantin gelangt nach der Schlacht an der Milvischen Brücke auf den Cäsarenthron. Erstmals wird das Christentum anderen Religionen gleichgestellt. 326 weiht Papst Silvester I. die erste Peterskirche ein. 330 verlegt Konstantin seinen Regierungssitz nach Byzanz/Konstantinopel. Auf dem Sterbebett soll er zum Christentum konvertiert sein. Trotz des Niedergangs des Imperiums erlebt Rom durch die Christianisierung in der Spätantike einen Bauboom.

395 Nach dem Tode Theodosius' des Großen endgültige Teilung des Römischen Reiches.
476 Untergang des Weströmischen Imperiums. Nach einer Phase der wachsenden Bedrohungen durch Hunnen und Germanen unterwirft schließlich der germanische Heerführer Odoaker Italien. Er entthront den letzten römischen Kaiser Romulus Augustulus.

Mittelalter

590–604 Papst Gregor der Große gewinnt die christlichen Langobarden für den Katholizismus.
756 Frankenkönig Pippin der Kurze überlässt die eroberten mittelitalienischen Gebiete dem Oberhaupt der Kirche. Die Pippinsche Schenkung markiert den Beginn des Kirchenstaates.
800 Karl der Große wird zu Weihnachten von Papst Leo III. zum Kaiser gekrönt.

Geschichte im Überblick

1309 Exodus Papst Clemens' V. nach Avignon. In Rom leben nur noch rund 20 000 Menschen.

1377 Gregor XI. kehrt aus dem Exil in Avignon wieder in die Stadt am Tiber zurück. Das Große Schisma, das der Kirche sieben Gegenpäpste beschert, wird erst mit Papst Martin V. ab 1417 beendet.

Neuzeit

1527 Plünderung Roms durch deutsche Söldnertruppen Karls V.

1798–1814 Napoleonische Truppen besetzen wiederholt den Kirchenstaat, der in der Folge in das französische Kaiserreich eingegliedert wird, bis der Wiener Kongress die Päpste wieder in ihre Rechte einsetzt.

1870 Gründung des italienischen Einheitsstaates (Hauptstadt Rom).

1922 Mussolinis Marsch auf Rom läutet die faschistische Ära ein. Vor der Befreiung von den Deutschen durch die Alliierten 1944 werden Teile der Stadt bei verheerenden Bombenangriffen schwer getroffen.

1929 Mit den Lateranverträgen werden territoriale und finanzielle Fragen zwischen Staat und Kirche geklärt und die Grundlage für die Selbstständigkeit des Vatikanstaats geschaffen.

1946 Italien wird durch Volksentscheid Republik.

1955 Das erste Stück der U-Bahn Metropolitana wird eröffnet.

1957 »Römische Verträge«: Die EWG (heute EU) wird gegründet.

1978 Mit dem Polen Karol Wojtyla wird nach über 400 Jahren erstmals wieder ein Nichtitaliener Oberhaupt der katholischen Kirche.

1990er-Jahre Mit der Aktion »Mani pulite« (Saubere Hände) wird in großem Umfang Korruption aufgedeckt. Christdemokraten (DC) und Kommunisten (PCI) lösen sich auf.

1994 Der Grüne Francesco Rutelli wird Bürgermeister Roms; Wiederwahl 1997.

21. Jahrhundert

2005 Papst Johannes Paul II. stirbt nach 27-jähriger Amtszeit. Anlässlich seines Todes und der Wahl des neuen Papstes – des deutschen Kardinals Joseph Ratzinger, der den Namen Benedikt XVI. annimmt – kommen 3,5 Mio. Pilger nach Rom.

2008 Der Linksdemokrat Walter Veltroni, der ab 2001 und 2006 römischer Bürgermeister war, tritt von seinem Amt zurück, um für die Mitte-Links-Partei PD bei den Parlamentswahlen im April zu kandidieren. Doch Silvio Berlusconi wird zum vierten Mal Ministerpräsident. Giovanni Alemanno (PdL) wird zum Bürgermeister von Rom gewählt.

2013 Papst Benedikt XVI. tritt am 28. Februar aus Altersgründen zurück. Freiwillig aus dem Amt geschieden war im Jahr 1294 nur Coelestin V. Das Konklave wählt den Argentinier Jorge Mario Bergoglio (*1936) zum Oberhaupt der römisch-katholischen Kirche. Der erste Jesuit und Lateinamerikaner im Papstamt nennt sich Franziskus.

Kunst & Kultur

Frühzeit

Der Einfluss der Etrusker auf die Entwicklung des römischen Gemeinwesens kann nicht hoch genug eingeschätzt werden. Die Ingenieurskunst (etwa die geniale Leistung der Cloaca maxima), Religion, Metallverarbeitung, vor allem aber die ausgezeichneten Handelsbeziehungen des nördlich von Rom regierenden Zwölfstädtebundes spielten für die Metropole eine prägende Rolle.

Die gern als »orientalisierende Phase« apostrophierte frühe Zeit wurde zudem in wachsendem Ausmaß durch die griechischen Kolonien in Unteritalien beeinflusst. Auch in dem im engeren Sinne kulturellen Bereich verdankte die junge Stadt beiden Gruppen entscheidende Impulse: Etruskische und hellenistische Baumeister errichteten am Tiber die ersten Tempel.

Mit der Expansion in vorchristlicher Zeit fand die Kultur des gesamten Mittelmeerraumes Eingang ins Geistesleben. Erbeutete Statuen, Skulpturen und Kostbarkeiten wurden indes nicht mehr in Kultstätten, sondern zu rein dekorativen Zwecken innerhalb der Stadtmauern aufgestellt. Mit dem Untergang des Etruskerreiches, das lange auch Vorbildfunktion im gesellschaftlichen Bereich gehabt hatte, setzte sich endgültig die hellenistische Kultur als prägend durch.

Roms Bildhauer, anfangs noch nicht am Tiber ausgebildet, sondern als menschliche Beute hierher verfrachtet, kopierten die häufig jahrhundertealten Statuen ihrer griechischen Vorbilder, sorgten für repräsentative Ausstattung der Aristokratenhäuser und schufen mit der realitätsnahen Porträtbüste eine Neuerung, die das alte Griechenland nicht gekannt hatte.

Imperiale Zeit

Tatsächlich bildeten der Personenkult und die dekorative Funktion die entscheidenden Motoren zur Entwicklung einer eigenständigen römischen Bildhauerei, die im 1. Jh. n. Chr. ihren vorläufigen Höhepunkt erreichte. Triumphbögen und Triumphsäulen entstanden, Reliefs mit Heroendarstellungen aus Kriegen wurden ausgemeißelt, Roms Kunst war nicht mehr idealistisch, sondern ganz der Zeit ihrer Entstehung verhaftet.

Auch in der Tempelbaukunst verließen sich die Baumeister nicht mehr auf ihre griechischen Vorbilder: Sie kreierten eine Mischung aus etruskisch-hellenistischem Stil, entwickelten die Säulenvorhalle und betonten die axiale Grundausrichtung. Neben der Fassadenverschönerung (Marmor) erhielt Rom in dieser Zeit gewaltige Bauten für das Volk: Zirkus, Amphitheater und Thermen verlangten eine Revolutionierung der Gebäudeformen. Die Baumeister entwickelten eine Art Beton, und die Architekten entwickelten neue Kuppelkonstruktionen, Strebewerke, Bogen-, Tonnen- und Kreuzgewölbe

Kunst & Kultur

und entdeckten neue Säulenordnungen etc.

Private Auftraggeber wurden in der imperialen Zeit wichtige Mäzene: Mosaiken, Plastiken und Malereien schmückten die Paläste der Senatorenschicht. Am weitesten entwickelt war die Malerei, die bereits die Perspektive, die Genremalerei, Monumentalgemälde, Stillleben und Porträts kannte. Die erste christlich geprägte Kunst fand sich in den Katakomben.

Den Höhepunkt literarischen Schaffens erlebte Rom unter den Kaisern Trajan, Hadrian und Marc Aurel, der selber als Philosoph und Schriftsteller hervortrat. Ein Einschnitt war die fundamentale Neuorientierung, die den Übergang zum Christentum nach der Konstantinischen Wende markierte und

Das MAXXI, Roms Museum fürs 21. Jh. fasziniert mit ungewöhnlicher Architektur

etwa 40 Jahre andauerte. Architektonisch erwies sich die spätrömische Phase als außergewöhnlich fruchtbare Zeit. Zahllose Basiliken wurden errichtet, Rom erlebte einen wahren Bauboom.

Mittelalter

Den Wirren des Frühmittelalters folgte die streng formale byzantinische Kunst, deren Zeugnisse insbesondere in vielfältig erhaltenen Kirchenmosaiken erhalten sind.

Der zwischen Rom und Byzanz ab 730 ausgefochtene Bilderstreit um die Darstellung des Antlitzes Christi in der Kunst führte in der Hauptstadt des Oströmischen Reiches zu einer streng festgelegten und geregelten Ikonografie, während man sich in der Tibermetropole auf Papst Gregor den Großen berief und die Malerei als geeignetes Medium der Glaubensverbreitung anerkannte. Die Provinzialisierung der römischen Politik im 9. und 10. Jh., als Stadt und Papsttum zum Spielball lokaler Adelsfamilien wurden, führte auch zu einem Niedergang der Kunst.

Mit der romanischen Baukunst und schließlich den Meistern der Hochgotik (Pietro Cavallini, Giotto) erlebte die Tiberstadt einen künstlerischen Aufschwung, der jedoch mit dem Umzug der Päpste nach Avignon erneut zum Stillstand kam. Erst nach Beendigung des Schismas ging es unter dem Förderer des Humanismus, Papst Nikolaus V., ab 1447 wieder aufwärts.

Michelangelos Schöpfung in der Sixtinischen Kapelle

Renaissance

Die Epoche der Renaissance wurde geprägt von Malern und Architekten wie Masaccio, Bramante, Raffael und Michelangelo, die den wiederentdeckten Motivreichtum der Antike konsequent ein- und umsetzten. Der Bau der neuen Peterskirche dokumentierte den Sieg der Renaissance über die Vorgaben der Antike. Der Status der Künstler wandelte sich vom schlecht bezahlten Handwerker zum umjubelten, mit mancherlei Privilegien ausgestatteten Genius.

Die Befreiung von den Zwängen der kirchlichen Auftraggeber vollzog ab 1590 Caravaggio, der erstmals Themen und Figuren seiner Bilder aus dem römischen Alltagsleben wählte. Eine zunehmende Anzahl privater Mäzene unterstützte diese Emanzipation des Künstlertums.

Das barocke Rom

Die Gegenreformation führte kurzfristig zu einer künstlerischen Stagnation. Schamhaft wurden allzu freizügige Darstellungen mit Feigenblättern oder Tüchern übermalt (z.B. Michelangelos »Jüngstes Gericht«).

Manierismus und schließlich Barock dokumentierten den Aufstieg der Päpste zu absolutistischen Herrschern. Die Kirchenfürsten wie etwa Papst Urban VIII. sorgten für die stadtplanerische Umgestaltung der über 1000 Jahre wild gewachsenen Tiberstadt. Plätze und Straßenschneisen brachten Struktur in das Häusermeer, Rom erhielt in groben Zügen sein heutiges Stadtbild. Unter Baumeistern wie Bernini und Borromini, die ständig bemüht waren, einander zu überbieten, erlebte der barocke Kirchenbau seine Hochblüte. Ab 1763 löste der deutsche Gelehrte Johann Joachim Winckel-

Kunst & Kultur

mann mit seinen Berichten eine bis heute andauernde Reisewelle in die Ewige Stadt aus, der sich auch Goethe nicht zu entziehen vermochte.

Nach dem Intermezzo der Französischen Revolution und Napoleons, das für Rom Umbauten durch Valadier (z.B. Piazza del Popolo, Pincio-Hügel) mit sich brachte, kam die künstlerische Kraft der Tiberstadt bis zur italienischen Einigung 1870 zum Stillstand. Der Kunstmarkt lieferte hauptsächlich archäologische Reminiszenzen der römischen Antike, die immer mehr durch Kopien ersetzt wurden.

Das 20. Jahrhundert

Der durch die Industrialisierung einsetzenden Bauwut an der Wende vom 19. zum 20. Jh. fielen unzählige historische Gebäude zum Opfer, darunter die Villa Ludovisi. Die Bewegung der Futuristen entdeckte die Geschwindigkeit als Motor des 20. Jhs., wurde aber erst drei Generationen später gewürdigt. Den Anschluss an die internationale Kunstszene (Dada, Expressionismus, Konstruktivismus) verpasste Rom durch den Einmarsch Mussolinis und dessen Baupolitik. Dieser ließ in imperialem Stil mit dem Corso del Risorgimento und der Via dei Fori Imperiali Schneisen in die Stadt schlagen und das EUR-Viertel errichten.

Moderne Kultur

Rom findet mehr und mehr Anschluss an die Zentren der italienischen Gegenwartskunst. Noch sind Bologna und Genua als Treffpunkte der Kreativen und Mailand als Verkaufs- und Galerienstandort der Hauptstadt in dieser Hinsicht um Einiges voraus. Dennoch: Die Kunstszene ist durch Mittelkürzungen sowie den Generationenumbruch in Bewegung geraten und sucht auch in Rom nach neuen Wegen im dritten Jahrtausend. Auf institutioneller Seite hat man mit dem Umbau des Palazzo delle Esposizioni an der Via Nazionale riesige Ausstellungsflächen für aktuelle Kunst geschaffen. Hervorzuheben sind das Museum für zeitgenössische Kunst und Fotografie (Macro; › S. 125) und das Museum für Kunst und Architektur des 21. Jhs. (Maxxi; › S. 107). Die beiden spektakulären Neubauten entwarfen international berühmte Architekten: das Macro Odile Decq, das Maxxi Zaha Hadid. Auch italienische Stararchitekten setzten Akzente. Von Renzo Piano stammt das Auditorium Parco della Musica (2002), das Roms Bedeutung als Theater- und Musikmetropole unterstreicht. Und der Römer Massimiliano Fuksas verleiht dem EUR-Viertel mit seinem luftig-lichten Kongresszentrum, das 2014 fertig werden soll, neuen Schwung.

Zwar sind die ruhmvollen Zeiten von Cinecittà › S. 151 vorüber, doch spielt Rom immer noch eine Hauptrolle als Filmproduktionsstätte. Großen Mentoren des italienischen Films wie Visconti und Fellini ist eine Generation von weniger bekannten, gleichwohl bedeutenden Regisseuren gefolgt (z.B. Nanni Moretti, Silvio Soldini und Paolo Virzi).

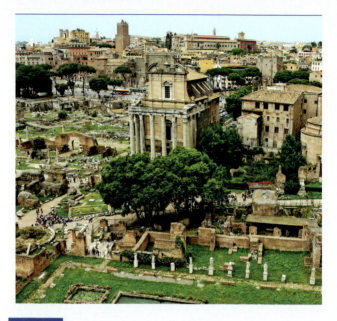

SPECIAL

Kunst in Thermen und Katakomben

Statuen in dunklen, staubigen Museumsnischen, jahrelang eingerüstete Kirchenfassaden, verschlossene Museumsflügel … Ein Erneuerungsprogramm, das in seinem gewaltigen Umfang fast schon der Baupolitik der Renaissancepäpste gleicht, hat diesen traurigen Zustand beendet. Die unzähligen antiken Kunstdenkmäler erstrahlen in altem Glanz und werden dem Besucher durch einen ausgeklügelten didaktischen Apparat nähergebracht. Audio-Guides, Schautafeln, Modelle und Computeranimationen erläutern die Exponate, vermitteln Hintergrundwissen und machen Lust auf mehr. Das professionelle Management garantiert europäischen Standard: Funktionierende Reservierungsbüros, längst überfällige Einrichtungen für Behinderte, gut sortierte Läden und stilvolle Museumscafés runden die Besichtigung ab.

Großer archäologischer Park

Das **antike Zentrum** der Ewigen Stadt › **S. 73** – Kolosseum, Colle Oppio, Kaiserforen, Forum Romanum und Kapitol –, durch die urbanistischen Eingriffe Mussolinis zerstückelt und getrennt, wird derzeit

Kunst in Thermen und Katakomben SPECIAL

zum größten archäologischen Park der Welt umgestaltet, der künftig sogar bis zur Via Appia Antica erweitert werden soll. Die Ausgrabungen in den Foren liefern nicht nur spannende Forschungsergebnisse zur Frühzeit Roms, sondern rekonstruieren auch den ursprünglichen baulichen Zusammenhang. Inzwischen ist die stark befahrene Via dei Fori Imperiali sonntags für den Straßenverkehr gesperrt und das Museo dei Fori Imperiali in den Trajansmärkten als museumsdidaktisches Zentrum der Kaiserforen eingerichtet worden.

Westlich vom Forum Romanum erhebt sich das Kapitol, der kleinste der sieben Hügel Roms. Nach aufwendigen Restaurierungs- und Umbaumaßnahmen zeigen die **Kapitolinischen Museen › S. 76** einen Querschnitt durch die römische Kunst. Über eine unterirdische Galerie, die die Museumsflügel mit dem antiken Staatsarchiv verbindet, tauchen die Besucher ein in die lange Siedlungsgeschichte des Hügels, vorbei an Fundamenten, Hausmauern, Stelen, Tempelresten und Skulpturen.

Das **Museo Nazionale Romano** präsentiert seine wertvollen Bestände in verschiedenen Gebäuden. Im eleganten Palazzo Altemps › S. 86 aus der Renaissance setzen erstrangige frühklassische und römische Meisterwerke visuelle Akzente. In Hinblick auf ideale Beleuchtung, Belüftung und Präsentation der Exponate stellt der Palazzo Massimo › S. 100 ein Pilotprojekt dar. Mit Hilfe modernster Technik wird ein umfassendes Bild von Handwerk, Totenkult und Wirtschaft in der Antike vermittelt. Weitere interessante Abteilungen zu verschiedenen Themen sind in den Thermen des Diokletian › S. 100 zu bewundern.

Archeobus

Unternehmen Sie eine Rundfahrt mit dem **Archeobus** entlang der Via Appia. Ab Piazza di Cinquecento (Ⓜ Termini) geht es vorbei an Kolosseum und den Caracallathermen zu den Katakomben und der weitläufigen Villa dei Quintili. Das 48 Stunden gültige Ticket kostet 12 €. Die Fahrt kann an den zahlreichen Haltestellen beliebig oft unterbrochen werden. (www.trambus open.com, April–Nov. Abfahrt Fr–So 9–16.30 Uhr, alle 30 Min.)

Archaeologia Card

Der Kauf dieser SIEBEN TAGE GÜLTIGEN KARTE lohnt sich. Sie gilt für: Kolosseum, Palatin, Forum Romanum, Museo Nazionale Romano (Palazzo Massimo, Terme di Diocleziano, Palazzo Altemps, Crypta Balbi), Caracallathermen, Tomba di Cecilia Metella und Villa dei Quintili. Verkauf bei den Monumenten oder online (www.ticketclic.it, 25 €).

Statuen unter Strom

Besonderen Kunstgenuss bietet die Zweigstelle der Musei Capitolini im **Centrale Montemartini**. In diesem aufgelassenen Elektrizitätswerk leuchten neben alten gusseisernen Maschinen und Heizkesseln die weißen, glatten Marmorkörper von Götterstatuen. › auch S. 123

Feste & Veranstaltungen

März: Der 19. März markiert das volkstümliche **Fest des hl. Joseph**, das besonders im Stadtteil Trionfale gefeiert wird. Die Bäckereien verkaufen traditionell *bignè* und Krapfen. **Karwoche, Ostersonntag** und **Ostermontag** stellen die Höhepunkte im kirchlichen Festtagskalender dar. Der Papst geht am **Karfreitag** an der Spitze einer feierlichen Prozession zum Kolosseum und hält dort einen Wortgottesdienst. Ende des Monats findet der **Rom-Marathon** mit den weltbesten Langstreckenläufern statt.

April: Die **Festa della primavera** (Frühlingsfest) taucht die Spanische Treppe in ein grandioses Blumenmeer. Wie auch im Herbst pflastern Roms Künstler die Via Margutta während der Kunstmesse mit ihren Werken. Offizielle Veranstaltungen begleiten **Roms Geburtstag** am 21. April (Feuerwerk auf der Piazza del Campidoglio), während auf der Piazza di Siena im Park der Villa Borghese Italiens **Reitsportveranstaltung** Numero Uno beginnt.

Mai: Der **1. Mai** wird traditionell mit einem von den Gewerkschaften ausgerichteten Open-Air-Rockkonzert gefeiert (Piazza San Giovanni), auf dem nationale wie internationale Stars debütieren.

Juni: Die **Festa di San Giovanni** (23./24. Juni) feiert der gleichnamige Stadtteil (San Giovanni in Laterano) traditionell mit Schnecken- und Spanferkelessen, Tanz, Musik und Fässern voller Wein aus den Castelli Romani. Der **Festtag der Stadtpatrone Petrus und Paulus** (29. Juni) wird mit feierlichen Prozessionen und Messen begangen. **Festival Internazionale di Ostia Antica:** Bis Ende Juni Musik und Tanz im römischen Theater. Oper und Ballett, World Music, aber auch italienische Liedermacher treten auf. Anschließend Sommerprogramm des Teatro di Roma.

Juli: Mitte des Monats feiert Trastevere die **Festa de' Noantri** mit Lichterketten, Abendessen im Freien, viel Musik und Folklore und natürlich viel Wein. Im Rahmen der Veranstaltungsreihen der **Estate Romana** (»Römischer Sommer«, bis September) finden Konzerte, Tanz, Filmvorführungen etc. unter freiem Himmel statt (www.estateromana.comune.roma.it).

August: Festa della Madonna della Neve in der Basilika Santa Maria Maggiore (5. Aug.). Weiße Blüten fallen wäh-

Karfreitagsprozession

Feste & Veranstaltungen

Feiern zu Roms Geburtstag im April

rend der Messe auf die Gläubigen herab. Sie erinnern an einen wunderbaren Schneefall im August, der zum Bau der Kirche führte › S. 108.

Oktober: Die Konzertsaison beginnt. Höhepunkt: die **Weinfeste** in den Albanerbergen! Die Tradition der antiken Weinfeste, der Vignalia, lebt in Frascati fort, dessen Wirte dann ihre Tavernen mit einem Bündel wilder Lorbeerblätter (*frasca*) schmücken. Das Dörfchen Marino verwandelt sich alljährlich zum Schlaraffenland. Grund: Marcantonio Colonna kehrte 1571 siegreich und trockenen Fußes aus der Seeschlacht von Lepanto heim. Als Landratte, die vorher niemals zur See gefahren war, erschien dem Admiral der päpstlichen Flotte dieses Wunder so erinnerungsträchtig, dass seither alljährlich in dem Ort während der **Ottobrate** Ströme von Wein aus der Fontana del Nettuno (Piazza San Barnabà) und der Fontana dei Mori (Piazza Matteotti) fließen – kostenlos.

Dezember: Fest der Unbefleckten Empfängnis (Festa dell'Immacolata Concezione am 8. Dez.) mit Schmückung der Marienstatue an der Spanischen Treppe. Auf der Piazza Navona wird Mitte des Monats der traditionsreiche **Weihnachtsmarkt** mit buntem Spielzeugkitsch, aber auch schönen Krippenfiguren eröffnet. Vor dem Weihnachtsfest stellen viele Kirchen ihre Krippen aus. Sehr zu empfehlen sind Santa Maria in Via, Sant'Alessio, die Sixtinische Kapelle von Santa Maria Maggiore und die Pfarrkirche Sacro Cuore di Maria an der Piazza Euclide (modernes Krippenspiel).

Jahresausklang (31. Dez.): Die Römer begehen den Jahreswechsel geistlich besinnlich mit einer festlichen Kerzenprozession in den Priscillakatakomben oder profan bei einem Open-Air-Rockkonzert und anderen großen Events mit bekannten Stars auf der Piazza del Popolo.

Die Piazza Navona mit dem Vierströmebrunnen Gian Lorenzo Berninis gilt als einer der schönsten Plätze der Welt

TOP-TOUREN & SEHENS-WERTES

DER VATIKAN

Kleine Inspiration

- **Petersplatz sonntags um 12 Uhr:** Im Kreis der Gläubigen den päpstlichen Angelus-Segen miterleben. › S. 64
- **Friedhof Campo Santo Teutonico:** Die Schweizer Garde auf Deutsch um Einlass bitten und Momente der Ruhe genießen. › S. 65
- **Sixtinische Kapelle:** Unter Michelangelos Deckengemälde über kräftige Farben und die Vielfalt der Körper staunen. › S. 70
- **Engelsburg:** Von der Burgterrasse fern vom Rummel den Blick über Tiber und Centro Storico schweifen lassen. › S. 72

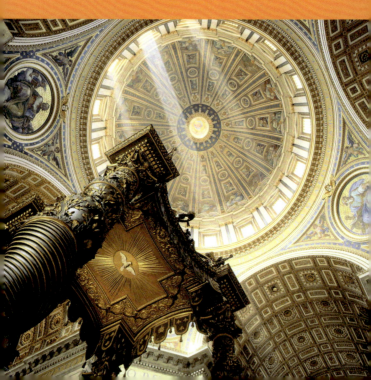

Karte S. 64

Tour 1　**Vatikan**

Der kleinste Staat der Erde wartet mit der weltgrößten Kirche, einem eindrucksvollen Platzensemble, einem zur Burg umgebauten Mausoleum, einzigartigen Kunstschätzen und ausgedehnten Gartenanlagen auf.

Die Vatikanstadt (Città del Vaticano) ist ein unabhängiger Staat innerhalb des römischen Stadtgebiets. Zum päpstlichen Territorium westlich des Tibers gehören Peterskirche und -platz, Vatikanpalast und Vatikanische Gärten. Auf 0,44 km² konzentriert sich die weltweite Macht der römisch-katholischen Kirche. Staats- und Kirchenoberhaupt ist der gewählte Papst – seit 2013 Franziskus. Der Vatikan gibt eigene Münzen und Briefmarken heraus, die bei Sammlern geschätzt sind.

Bereits im 4. Jh. wurde über dem Grab des Apostels Petrus eine erste Kirche, Alt St. Peter, errichtet. Aber erst nach der Rückkehr aus ihrem Exil in Avignon 1377 verlegten die Päpste ihre Residenz vom Lateran auf den sicheren Vatikanhügel, der über einen Fluchtweg mit der Engelsburg verbunden war. Während der Einigung Italiens verlor der Kirchenstaat all seine Besitzungen. Nachdem 1870 italienische Truppen Rom eingenommen hatten, betrachtete sich der Papst im Vatikan als Gefangener Italiens; diesen Zustand beendeten 1929 die von Mussolini initiierten Lateranverträge.

Dreh- und Angelpunkt des weltweit kleinsten Staates ist die Peterskirche. Das Kircheninnere ist ebenso prachtvoll wie die päpstlichen Gemächer im Vatikanpalast: Einen Teil davon belegen heute die 14 Vatikanischen Museen, die Kunstliebhaber vor die Qual der Wahl stellen.

Papstaudienzen

Für **Papstaudienzen oder -messen** werden kostenlose Eintrittskarten ausgegeben; schriftliche Anmeldung mindestens zwei Wochen vorher bei der **Päpstlichen Präfektur** (Preffetura della Casa Pontificia, V–00120 Vatikanstadt, Tel. +39 06 69 88 31 14 oder beim Deutschen Pilgerzentrum, siehe unten. Auch für **Führungen durch die Vatikanischen Museen und die Vatikanischen Gärten** (Dauer ca. 2 Std.) muss man sich vier Wochen vorher anmelden: Tel. +39 06 69 88 46 76, visiteguidate singoli.musei@scv.va, Museen März bis Okt. Mo–Sa 10.30, 12, 14, sonst nur 10.30 Uhr, 32 €. Gärten März–Okt. Mo/Di, Do–Sa 11, Nov.–Feb. Sa 11 Uhr, 32 €.

Wichtige Adressen

Pilger- und Touristenamt [A/B6]
(Ufficio pellegrini e turisti)
- Petersplatz, linke Seite | 00120 Vatikan
Tel. +39 06 69 88 23 50 | upt@scv.va
www.vaticanstate.va

Deutsches Pilgerzentrum [B6]
- Via del Banco di S. Spirito 56
00186 Roma | Tel. +39 0 66 89 71 97
www.pilgerzentrum.net
Mo/Di, Do/Fr 10–13, 15–18, Mi 8–11, 15–18 Uhr

Blick in die Kuppel der Peterskirche

Tour im Vatikan

Tour 1 Durch die Vatikanstadt

Verlauf: Petersplatz › Peterskirche › Vatikanische Museen › Vatikanische Gärten › Engelsburg › Engelsbrücke

Karte: s. unten
Dauer: 5–6 Std.
Praktische Hinweise:
- Morgens oder mittags ist der Besucherandrang in der Peterskirche (besonders am Kuppelaufgang) und in den Vatikanischen Museen weniger groß.
- Den Petersplatz erreicht man mit der Metro A (Ⓜ Ottaviano-S.

Pietro), der Straßenbahn 19 sowie mit Bussen der Linien 23, 32, 81. Bei Engelsburg und Engelsbrücke fahren die Linien 40, 62.

Tour-Start:
Petersplatz 1 ★ [A/B6]

Die 17 m breiten, aus vier Reihen dorischer Säulen (insg. 284) und Pfeiler (insg. 88) gebildeten Kolonnaden umarmen das Meisterwerk Berninis, der 140 Heiligenstatuen auf den Flügeln der Piazza San Pietro platzierte (ab 1656). Die beste Perspektive auf die Säulenreihen bieten zwei in das Pflaster eingelassene Rundscheiben links und rechts des **Obelisken,** den Domenico Fon-

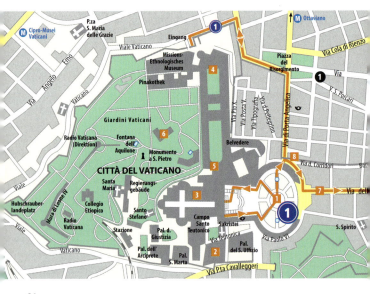

64

Tour 1: Durch die Vatikanstadt **Vatikan**

tana 1586 aus dem Zirkus des Nero herbringen ließ. Die Spitze des 37 n. Chr. aus Ägypten an den Tiber verschifften Monolithen enthält eine Reliquie des Kreuzes Christi.

Durch die Absperrgitter – sie sollen die Pilgerströme, die sich bei Selig- und Heiligsprechungen auf den Petersplatz ergießen, kanalisieren – lässt sich die imposante Wirkung, die Berninis grandioser Piazza-Entwurf aus dem 17. Jh. ausübte, leider kaum noch ermessen.

Papstaudienzen finden in der Regel mittwochs um 10.30 Uhr auf dem Petersplatz statt (bei schlechtem Wetter in der **Nervi-Halle** 2. Als Papst Benedikt XVI. noch Kardinal Ratzinger war, wandelte er gern über den deutschen Friedhof ! Campo Santo Teutonico links der Peterskirche. Die von hohen Mauern geschützte Insel der Ruhe ist nur für deutschsprachige Besucher zugänglich, die sich bei den Schweizer Gardisten am Eingang anmelden müssen (tgl. 7–12 Uhr).

Am Eingang zum Petersdom und zu den Museen gibt es STRENGE SICHERHEITSKONTROLLEN. Für den Besuch der Kirche wird auch angemessene (d.h. knie- und schulterbedeckende) Kleidung verlangt.

Peterskirche 3 ⭐ [A6]

Die Basilica di San Pietro (April bis Sept. tgl. 7–19, sonst bis 18.30 Uhr) steht auf den Rudimenten der Kirche Alt-Sankt-Peter. Diese wurde zu Zeiten Kaiser Konstantins über einem christlichen Märtyrergrab errichtet, in dem man auch das Grab des Apostels Petrus vermutet.

Das heutige Bauwerk entstand nach Entwürfen von Bramante sowie Antonio und Giuliano da Sangallo ab 1506 unter der Ägide des »Baupapstes« Julius II. Mit Raffael, Michelangelo u.a. wurden die berühmtesten Künstler der Hochrenaissance für die Gestaltung des neuen Gotteshauses verpflichtet. Die Peterskirche vereint architektonisch zwei berühmte antike Vor-

Tour im Vatikan

Tour 1
Durch die Vatikanstadt

1 Petersplatz
2 Nervi-Halle
3 Peterskirche
4 Vatikanische Museen
5 Sixtinische Kapelle
6 Casa Pius IV.
7 Via della Conciliazione
8 Passetto
9 Engelsburg
10 Engelsbrücke

65

Beinahe lebensgroß und aus schimmerndem Marmor – die Pietà von Michelangelo

bilder: das Pantheon und die Maxentius-Basilika. Von der **Benediktionsloggia** über der fünfportaligen Fassade spendete der Papst früher den Segen *Urbi et orbi;* heute geschieht dies meist auf dem Petersplatz. Nach Passieren der Schweizer Garde, die im Blitzlichtgewitter der Touristen ungerührt ausharrt, folgen in der Säulenvorhalle die Reiterdenkmäler der Kaiser Konstantin und Karl der Große. Unter den fünf Eingangsportalen sind das linke, von Giacomo Manzù in den 1950er-Jahren geschaffene **Portal des Todes** Ⓐ sowie das rechte, die **Porta Santa** Ⓑ, hervorzuheben. Diese berühmte Bronzetür wird nur während eines Heiligen oder Jubeljahres – zuletzt zum Jahreswechsel 2000 – geöffnet.

Innenraum

Vor dem Eintreten durch das mit den **Bronzeflügeln** Antonio Filaretes verzierte **Hauptportal** Ⓒ lohnt ein Blick zurück: Giottos **Navicella,** die Mosaikdarstellung des Sturmes auf dem See Genezareth (Ende 13. Jh.), stammt aus Alt Sankt Peter. Zur Rechten steht, von Panzerglas geschützt, ein Jugendwerk Michelangelos, das den Aufstieg des toskanischen Künstlers in den Musenolymp beschleunigte, seine berührende **Pietà** Ⓓ. Im Innenraum dominieren prächtige Papst-Grabmäler: Stets blumengeschmückt ist das **Grab des Reformpapstes Johannes XXIII.** Ⓔ (1958–1963), vom Volk liebevoll Il Papa buono genannt. Das **Grabmal Papst Clemens' XIII.** Ⓕ (1784–1792) von Antonio Canova mit dem berühmten sitzenden Todesengel sowie das 1642 bis 1647 entstandene **Grabmal des Bienenpapstes Urban VIII.** Ⓖ (1623–1644) und das **Grabmal Papst Alexanders VII.** Ⓗ (1672–1678), beide aus der Werkstatt Berninis, sind hervorzuheben.

Die meisten Besucher zieht es magisch zur **Bronzestatue des hl. Petrus** Ⓘ. Der vorgestreckte rechte Fuß des Apostels zollt der 700-jährigen Verehrung Tribut: Berührungen von Millionen Pilgern haben zu kräftigem Abrieb geführt.

Mit dem **Vierungsaltar** Ⓙ (Papstaltar) und Berninis **Baldachin** (1624–1633) unter Michelangelos Hauptkuppel ist das religiöse Zentrum Sankt Peters erreicht. Die Bronze der gewundenen Baldachinsäulen stammt aus dem Pantheon › **S. 87**. Der Baldachin bekrönt den Altar, der sich wiederum genau über der Confessio mit dem **Petrusgrab** erhebt. Oberhalb, in der Vierungskuppel, steht in Latein das Bibelzitat (Matthäus 16,18): »Du bist Petrus und auf diesen Felsen werde

Karte S. 67

Tour 1: Durch die Vatikanstadt **Vatikan**

ich meine Kirche bauen. Dir werde ich die Schlüssel des Himmelreiches geben.« Mit diesen Worten soll Jesus am Vorabend seiner Kreuzigung Petrus als ersten Apostel eingesetzt haben, und daraus leiten die Päpste ihren Führungsanspruch als Nachfolger Petri ab.

Die fünf Meter hohen Statuen in den Nischen der rund um den Hauptaltar gruppierten Vierungspfeiler stellen die Heiligen Veronika mit dem Schweißtuch, Helena mit dem Kreuz Christi, Longinus mit der Lanze und Andreas mit dem Kreuz dar. Sie verweisen auf die entsprechenden Reliquien, die in den Pfeilern aufbewahrt werden.

Petersschatz C

Der Zugang in das Museo del Tesoro della Basilica di S. Pietro, die Schatzkammer von St. Peter, erfolgt über die **Sakristei** (am Monument für Pius VIII.).

In neun Sälen sind großartige Objekte aus vielen Jahrhunderten ausgestellt. Neben wertvollen Kruzifixen sieht man auch den **Bronzehahn,** der den Campanile von Alt Sankt Peter schmückte. Fälschlich der Krönungszeremonie Karls des Großen zugeschrieben wird die **Dalmatica,** ein kostbares liturgisches Gewand, das allerdings erst viel später entstand (April–Sept. 8–18.30 Uhr, sonst 8–17.40 Uhr).

A Portal des Todes
B Porta Santa
C Hauptportal
D Pietà
E Grab Papst Johannes' XXIII.
F Grab Papst Clemens' XIII.
G Grab Papst Urbans VIII.
H Grab Papst Alexanders VII.
I Bronzestatue des hl. Petrus
J Vierungsaltar
K Petersschatz

Karte S. 67

Lange Gänge voller Kunstschätze im Vatikanspalast

Grotten des Vatikans

Der Zugang zu den Grotten (Sacre Grotte Vaticane; tgl., April–Sept. 8–18, sonst bis 17.30 Uhr) liegt außerhalb der Kirche, rechts von der Vorhalle neben dem Eingang zur Kuppel. Die **Cappella di San Pietro**, die dem Petrusgrab am nächsten gelegene Andachtsstätte, erregt besondere Aufmerksamkeit. Hinter dem vergoldeten Gitter sieht man die Marmorwand mit Porphyreinfassung, die die Rückseite des Petrusgrabes bildet. Viele Päpste (u.a. Paul VI., Johannes Paul I., Johannes Paul II.) sind hier beigesetzt.

Grabungen (1940–1957) brachten die **Necropoli precostantiniana** (vorkonstantinische Begräbnisstätte) mit dem vermutlichen Petrusgrab ans Tageslicht (Besichtigung Mo–Fr 9–17 Uhr, Anfrage über Tel. +39 06 69 88 53 18, scavi@fsp.va) bei Ufficio Scavi. Sechs der freigelegten Räume sind auch während des normalen Rundgangs zu sehen. Am Ausgang der Grotten, deren Ausmaße heute eine veritable Unterkirche ergeben, steht eine weitere Petrusstatue, die einmal den Portikus von Alt Sankt Peter zierte. Die Sitzfigur, der später Hände und Kopf ausgetauscht wurden, war ursprünglich einem römischen Rhetor oder Philosophen gewidmet.

Kuppel

Rechts von der Vorhalle befinden sich der Treppenaufgang (320 Stufen) bzw. der Fahrstuhl zur Kuppel (tgl. April–Sept. 8–18, sonst bis 17 Uhr). Giacomo Della Porta und Domenico Fontana vollendeten 1590 Michelangelos Meisterwerk mit der mächtigen Wölbung. Der Durchmesser der Kuppel beträgt 42 m. Damit ist sie geringfügig kleiner als die des Pantheons. Die atemberaubende Aussicht von der 128 m hohen Kuppellaterne reicht bis zu den Albaner Bergen. **50 Dinge** (21) › **S. 14**. Grandios ist auch der Blick von der Galerie im Tambour ins Innere der Basilika.

Tour 1: Durch die Vatikanstadt **Vatikan**

Vatikanische Museen 4 ⭐ [A6]

Die Vatikanischen Museen und Galerien zählen zu den bedeutendsten Kunstsammlungen weltweit und verzeichnen jährlich über 4 Mio. Besucher.

Öffnungszeiten

Viale Vaticano, 00165 Roma, ganzjährig Mo–Sa 9–18 Uhr, Einlass bis 16 Uhr, So/Fei geschl., Eintritt 16 €, Führungen › S. 63. Nur ❗ am letzten So im Monat sind die Museen von 9–14 Uhr bei freiem Eintritt geöffnet (Einlass bis 12.30 Uhr), sonst geschl. am 1.1., 6.1., 11.2., 19.3., Ostern, 1.5., 29.6., 14./15.8., 1.11., 25./26.12., Tel. +39 06 6 88 49 47, www.museivaticani.va.

Gegen eine Vorverkaufsgebühr von 4 € kann man im Internet bei http://biglietteriamusei.vatican.va die Tickets vorbestellen. Das erspart das Schlangestehen an der Kasse.

Das **Museo Gregoriano Egizio** (Altägyptisches Museum) zeigt Funde aus Rom und Umgebung, aber auch ein ❗ Mumie und antike Papyri. Porträtbüsten aus der römischen Kaiserzeit begleiten den Besucher im **Museo Chiaramonti**, das in den neuen Flügel, den Braccio Nuovo (ebenfalls eine Antikensammlung), übergeht. Im **Museo Pio Clementino** lockt im oktagonalen Cortile, der Keimzelle der Vatikanischen Museen, der Apoll von Belvedere. Hier steht auch die berühmte Laokoon-Gruppe (Abb. › S. 70). Der verzweifelte Kampf des Apollonpriesters und seiner Söhne mit den zwei Schlangen, die ihnen die Göttin Athene sandte, symbolisiert den Untergang Trojas. Laokoon hatte vergeblich versucht, die Trojaner vor dem hölzernen Pferd der Griechen zu warnen. Das Werk war in der Zeit seiner Auffindung so berühmt, dass es der französische Kö-

> **Erstklassig**

Highlights der Vatikanischen Museen

- Michelangelos Geniestreich: die **Erschaffung Adams** in der Sixtinischen Kapelle. Gott erweckt den ersten Menschen durch eine Fingerberührung zum Leben. › **S. 71**
- Die **Schule von Athen** in den Stanzen Raffaels zählt zu den Meisterwerken des umbrischen Renaissancemalers, der hier Bramantes Neubau der Peterskirche zitiert und sich selbst porträtiert. › **S. 70**
- Caravaggio wählte für seine **Kreuzabnahme** (1600–1604), zu bewundern in der Pinakothek, einen ungewöhnlich realistischen Bildausschnitt. › **S. 70**
- Die große **Goldfibel** (Mitte 7. Jh. v. Chr.) aus der Tomba Regolini-Galassi in Cerveteri, die im Etruskischen Museum ausgestellt ist, zeugt von einer reichen, längst vergangenen Kultur. › **S. 70**
- Einblick in alte Bestattungsbräuche: Eine **Mumie aus Theben** (1000 v. Chr.) in einem bemalten Holzsarkophag zeigt das Altägyptische Museum. › **S. 69**

69

Die berühmte Laokoon-Gruppe

nig Franz I. als Kriegsbeute für den Louvre verlangte. Es kam erst im 19. Jh. nach Rom zurück.

Im **Etruskischen Museum** lohnen wunderbar feine ❗ Goldarbeiten aus dem Grab Tomba Regolini-Galassi. Die **Galerie der geografischen Karten** führt dann zu den berühmten **Stanzen Raffaels.** Unter Papst Nikolaus V. erbaut, ließ Julius II. die zum Teil bereits freskengeschmückten Zimmer ab 1508 umgestalten und beauftragte Raffael mit der Ausmalung. Der noch junge Maler aus Urbino widmete sich von 1509–1517 den päpstlichen Gemächern, 1520 starb er im Alter von 37 Jahren. Die Sala di Costantino geht noch auf den Meister zurück, wurde aber von zwei seiner Schüler ausgemalt. Zu den bekanntesten Werken Raffaels und seiner Mitarbeiter zählen ❗ in der **Stanza della Segnatura** die Fresken Schule von Athen und Disput des Sakraments. Davor passiert man die Stanza di Eliodoro, danach die Stanza dell'Incendio del Borgo.

In 55 Sälen wird seit 1973 die 800 Werke umfassende **Sammlung moderner religiöser Kunst** präsentiert. Man gelangt über die Kapelle Papst Urbans VIII. und die **Borgia-Gemächer,** die Pinturicchio 1492–1495 ausmalte, hierher. Nach **Apostolischer Bibliothek**, **Museo Pio Cristiano** (Funde aus den Katakomben) und **Museo Gregoriano Profano** (Kopien der Bronzegruppe Athene und Marsyas, Original 5. Jh. v. Chr.) folgt die **Pinakothek** mit Werken Giottos, Fra Angelicos, Filippo Lippis und Gentile da Fabrianos; Raffaels Meisterwerke, die Krönung der Jungfrau (Incoronazione della Vergine), Madonna di Foligno und die Verklärung Christi, konkurrieren mit Leonardo da Vincis Hl. Hieronymus. In Saal XII ist die ❗ Kreuzabnahme von Caravaggio zu sehen. Das **Missions-Ethnologische Museum** zeigt Objekte aus dem außereuropäischen Raum sowie Präsente aus aller Welt an Papst Johannes Paul II.

Sixtinische Kapelle 5 ⭐ [A6]

Höhepunkt des Museumsbesuchs ist die Sixtinische Kapelle, in der sich die Kardinäle zum Konklave, der Papstwahl, einfinden. Mithilfe japanischer Geldgeber konnte bei der Restaurierung in den 1980er- und 1990er-Jahren die Farbenpracht von Michelangelos Deckenmalereien enthüllt werden, die die Sicht auf die Kunst der Renaissance revolutionierte: Nicht Düsternis,

Karte S. 64

Tour 1: Durch die Vatikanstadt **Vatikan**

sondern kräftige Farbtöne waren typisch für das toskanische Kunstgenie. Dargestellt sind ❗ Szenen aus der Schöpfungsgeschichte. Beeindruckend ist auch Michelangelos berühmtes Spätwerk (1536–1541), das Jüngste Gericht an der Altarwand, das erst über 30 Jahre nach der Vollendung der Ausmalung der Decke entstand.

Zwischenstopp: Restaurant
Ristorante Renovatio ❶ €–€€ [A6]
Gemütliches Restaurant mit ausgezeichneter Pizza – auch glutenfrei.
- Piazza Risorgimento 46/a
  00192 Roma | Tel. +39 06 68 89 29 77
  www.ristoranterenovatio.it

Vatikanische Gärten ⭐ [A6]
Die Gärten mit dem Palazzo del Governatorato, Studio del Mosaico und der Päpstlichen Akademie sind nur mit einer Führung zugänglich › **S. 63**. Eindrucksvoll ist die elegante **Casina Pius IV.** ❻ (1558–1561) von Pirro Ligorio und Giovanni Peruzzi.

Via della Conciliazione ❼ [B6]
Seit 1936 durchschneidet die Straße das mittelalterliche Gassengewirr des Borgo-Viertels als Sinnbild für die Verbindung zwischen Italien und dem Vatikan. **50 Dinge** ㊳ › **S. 16**. Parallel zur schnurgeraden Via della Conciliazione verlaufen die Via dei Corridori bzw. der Borgo Sant'Angelo, deren Existenz dem 1227 errichteten **Passetto** ❽, dem Fluchtweg vom Vatikan in die Engelsburg zu verdanken ist. Der Gang befindet sich im Innern einer 800 m langen Mauer.

Auf der autofreien Engelsbrücke flaniert man zur Engelsburg

Vatikan Tour 1: Durch die Vatikanstadt

Karte S. 64

Engelsburg 9 ⭐ [B6]

Die Engelsburg (Castel Sant' Angelo) war ursprünglich ein Mausoleum, das Kaiser Hadrian für sich und seine Familie errichten ließ. Marguerite Yourcenar widmete Kaiser Hadrian ihren Roman **Ich zähmte die Wölfin** (dtv 2008). Die Engelsburg erhielt ihren Namen 590 n. Chr., als Papst Gregor während einer Pestepidemie auf der Spitze dieser militärischen Außenbastion Roms ein Engel erschien und das Ende der Seuche ankündigte. Die Pest verschwand, und das einstige Mausoleum diente seither als päpstliche Festung, Gefängnis und Kaserne. Seit 1906 ist die Engelsburg Museum und beherbergt heute das **Museo Nazionale di Castel Sant' Angelo** (Tel. +39 0 66 81 91 11, castelsantangelo.beniculturali.it; Di bis So 9–19.30 Uhr, Einlass bis 18.30 Uhr). Das Gebäude versöhnt den archaisch-etruskischen Baustil (die runden Grabhügel Nordlatiums und der Toskana) mit der hellenistischen Kultur. Die spiralförmige Rampe führt zu den päpstlichen Gemächern mit Fresken von Perin del Vaga und zur Waffensammlung. Vom Dach bietet sich ein schöner Ausblick auf die Stadt. Während der Estate Romana sind die Wallanlagen Schauplatz von Büchermärkten, Musik-, Sport- und Theaterevents.

Rom gratis

- Wie der Petersdom sind die meisten **Kirchen Roms** trotz ihrer Schätze frei zugänglich.
- Die Schweizer Garde gewährt deutschsprachigen Reisenden den Gratis-Zugang zum Friedhof **Campo Santo Teutonico** direkt am Petersplatz. › S. 65
- Jeden letzten So im Monat ist der Eintritt in die **Vatikanischen Museen** frei. › S. 69
- Die **Bocca della Verità** in der Vorhalle der Kirche Sa. Maria in Cosmedin ist ein Lügendetektor, der nur Mut kostet. › S. 88
- Die **Wachablösung der Ehrengarde** ist ebenso gebührenfrei anzusehen wie die Kulisse des **Palazzo del Quirinale**, der Sitz des Staatspräsidenten. › S. 103

Engelsbrücke 10 ⭐ [B6]

Roms schönste Tiberbrücke, der Ponte Sant'Angelo, geht auf Kaiser Hadrian zurück, der den damaligen Pons Aelius 133/134 n. Chr. als Zugang zur Engelsburg errichten ließ. Die Statuen der hll. Petrus und Paulus, Werke Lorenzettos und Paolo Taccones, ließ Clemens VII. 1534 aufstellen. Nach den Ideen Berninis schufen seine Schüler jene dekorativen Engelsstatuen, die die Brücke zum Vorbild barocker Brückenbaukunst in Europa machten.

Zwischenstopp: Restaurant
Simposio 2 €€ [C6]
Weinbar und Feinschmeckerlokal.
- Piazza Cavour 16 | 00193 Roma
  Tel. +39 0 63 20 35 75
  www.pierocostantini.it, So geschl.

Blick in das antike Pantheon

CENTRO STORICO

Kleine Inspiration

- **Kapitolinische Museen:** Von der Dachterrasse des Café Caffarelli den Blick über Rom genießen. › S. 76
- **Piazza Navona:** Einen abendlichen Aperitif einnehmen und den Tag Revue passieren lassen.› S. 83
- **Bocca della Verità:** Reinen Gewissens eine Hand in den Mund der Wahrheit schieben, denn nur Lügner werden bestraft. › S. 88
- **Teatro di Marcello:** Unter freiem Himmel einem Sommerkonzert lauschen. › S. 88

Centro Storico   Tour 2–5

Antike Ruinen auf dem Forum, Kirchen und Paläste rund um die Piazza Navona künden von einstiger Größe und barocker Lebensfreude. Entlang des Tibers finden sich Spuren der jüdischen Geschichte.

Die Cäsaren des antiken Rom residierten auf dem Palatin und regierten auf dem Kapitol. Dazwischen erstreckten sich das Forum Romanum und die Kaiserforen, die gesellschaftlichen und wirtschaftlichen Zentren des Staates. Im Kolosseum wurde das Volk unterhalten. Noch heute vermitteln die Ruinen einen guten Eindruck von Glanz und Größe der Hauptstadt des einstigen römischen Weltreichs.

Die tieferliegenden Gebiete nördlich bis zur Piazza del Popolo, zwischen Tiber im Westen und Pincio sowie Quirinale im Osten, dienten in der Antike als Marsfeld und entwickelten sich erst nach der päpstlichen Machtkonsolidierung im Spätmittelalter zum Stadtkern. Im Altstadtkern um die ovale Piazza Navona markieren Kirchen und Paläste römischer Adeliger und Kardinäle den Bauboom der Renaissance und des Barock.

Südlich vom Corso Vittorio Emanuele II, der das Viertel seit dem 19. Jh. durchschneidet, führt die »Tibertour« von der Piazza Bocca della Verità, dem ältesten Siedlungsgebiet Roms, über die Tiberinsel, durch das alte jüdische Ghetto, auf den Markt des Campo de' Fiori und in die Via Giulia, die mondänste Straße des 16. Jhs.

Eine Einkaufsmeile ist die schnurgerade Via del Corso, die Verkehrsachse vom Nationaldenkmal auf dem Monte Capitolino bis zur Piazza Popolo im Norden unterhalb des Monte Pincio. In den umliegenden Straßen locken exklusive Galerien, edle Antiquitätenläden und schicke Boutiquen – vor allem in der Via Condotti an der Spanischen Treppe. Ganz in der Nähe liegt die Fontana di Trevi: Nachts, wenn er angestrahlt wird, wirkt der opulente Brunnen fast magisch.

Reine Theaterkulisse: die Fontana di Trevi

Tour 2: Durch das antike Rom **Centro Storico**

Touren im Centro Storico

Durch das antike Rom

Verlauf: Piazza Venezia › Piazza del Campidoglio › Forum Romanum › Kolosseum › Kaiserforen › Piazza Venezia

Karte: Seite 76
Dauer: 4–5 Stunden
Praktische Hinweise:
- Zur Piazza Venezia verkehren viele Busse (40, 60, 81, 87 usw.), am Kolosseum gibt es eine Ⓜ Station der Linie B.
- Für Forum Romanum, Palatin und Kolosseum ist der Kauf eines zwei Tage gültigen Sammeltickets (12 €) obligatorisch.
- Die Via dei Fori Imperiali ist sonn- und feiertags Fußgängerzone.

Tour-Start:
Piazza Venezia [D7]

Über Roms Verkehrsknotenpunkt thront das 1885–1911 erbaute **Monumento Nazionale a Vittorio Emanuele II** ❶ mit dem Grabmal des Unbekannten Soldaten und dem »Altar des Vaterlandes«. Spötter bezeichnen das »Vittoriano« genannte neoklassizistische Nationaldenkmal als »Schreibmaschine« oder »Gebiss« (Zugang Piazza Venezia, 9.30 bis 18.30 Uhr). Einen tollen Blick genießt man von der Aussichtsplattform mit der mächtigen Quadriga. Hinauf fahren zwei Glaslifte (7 €).

Der **Palazzo Venezia** ❷, ein Frührenaissancebau (1452–1491) wie eine Festung, beherbergt ein **Museum,** das in 58 Sälen wertvolle Preziosen präsentiert; lohnend ist der Besuch der Sala del Mappamondo mit perspektivischen Zeichnungen von Andrea Mantegna (Zugang Viale del Plebiscito 118, 00186 Roma, Tel. +39 0 63 28 10, www.galleriaborghese.it; Di–So 8.30–19.30, Kasse bis 18.30 Uhr). In den Palast integriert, besitzt die Basilika **San Marco** Mosaiken aus dem 9. Jh. und eine bemerkenswerte Kassettendecke.

Piazza del Campidoglio ❸ ⭐ [D7]

Michelangelos berühmte Treppenanlage, die **Cordonata**, führt auf die ebenfalls von ihm 1536 entworfene Piazza del Campidoglio, den Kapitolsplatz. Roms Bürgermeister residiert im **Senatorenpalast**, vor dessen Aufgang der **Minerva-Brunnen** plätschert.

Aufmerksamkeit erregt das **Reiterstandbild des Kaisers Mark Aurel** (161–180 n. Chr.), eine Bronzekopie, die zum Stadtjubiläum am 21. April 1998 eingeweiht wurde. Das Original steht, vor Smog geschützt, in den Musei Capitolini.

Auf den Fundamenten des Tempels der Juno erhebt sich das Gotteshaus **Santa Maria in Aracoeli** ❹. Sein Portal wird über die steilen 124 Stufen der Freitreppe erreicht (Mai bis Sept. tgl. 9–12.30, 15–18, sonst tgl. 9 bis 12.30, 14.30–17.30 Uhr).

Weniger anstrengend ist der Zugang zur Kirche über den Kapitolsplatz: Links führen Treppenanlagen zu einem Seiteneingang, vorbei am Neuen Museumspalast (Palazzo Nuovo). Kaiser Augustus ließ hier nach einer Weissagung einen Himmelsaltar (Ara coeli) errichten. Teile davon sieht man durch einen Spalt am Grab der hl. Helena, der Mutter Kaiser Konstantins (Querschiff, Cappella di Santa Elena).

Die Kirche ist für ihren Santo Bambino berühmt: Der Skulptur des Christuskinds aus dem 15. Jh. sagt man Wundertätigkeit nach.

Kapitolinische Museen ★

Auf der Südkuppe des Kapitols erhob sich einst der Tempel des Jupiter Capitolinus, der mächtigsten römischen Gottheit. Heute ruht auf seinen Rudimenten der **Konservatorenpalast** 5 (Palazzo dei Conservatori), Teil der Kapitolinischen Museen. Sie bestehen seit 1734 (unter Papst Clemens XII.) und waren die ersten öffentlich zugänglichen Kunstsammlungen der Welt.

Im Konservatorenpalast faszinieren bereits im Innenhof die Reste der einst 12 Meter hohen Kolossalstatue Kaiser Konstantins. In den Sälen ist neben der Statue des Dornausziehers in der Sala dei Trionfi das berühmte Rom-Sinnbild der Kapitolinischen Wölfin mit den beiden Knaben in der Sala della Lupa sehenswert. Hauptattraktion ist das originale Reiterstandbild von Mark

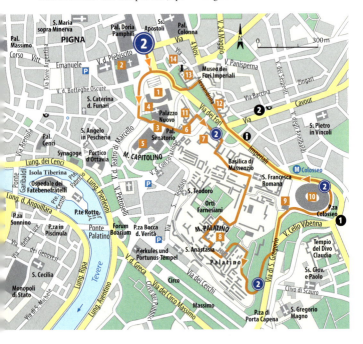

Tour 2: Durch das antike Rom **Centro Storico**

Aurel in einem eigens dafür geschaffenen Raum.

Im ersten Stock des **Palazzo Nuovo** gegenüber, um 1650 nach dem Vorbild des Konservatorenpalastes errichtet, lohnen die Statue des Sterbenden Galliers in der Sala del Galata Morente und das Sosus-Mosaik mit den vier Tauben einen Blick. Weitere erstrangige antike Kunstobjekte schließen sich im Braccio Nuovo und Museo Nuovo an, während die **Pinakothek** im zweiten Stock Werke von Tizian, Rubens, van Dyck, Velázquez und Caravaggio (»Johannes der Täufer«) präsentiert. Im **Palazzo Caffarelli** auf dem höchsten Punkt des Campidoglio werden wechselnde Ausstellungen gezeigt. Bei einem Cappuccino genießt man im Café des Palazzo Caffarelli eine schöne Aussicht über Rom (ohne Museumsticket zugänglich). Besonders romantisch ist die wunderbare **Dachterrasse.** (Piazza del Campidoglio 1, 00186 Roma, Tel. +39 06 06 08, www.museicapito

Im Hof der Kapitolinischen Museen

lini.org; Di–So 9 bis 20 Uhr, Einlass bis 19 Uhr)

Eine Galerie unter dem Kapitolsplatz führt auf das Gelände des **Tabulariums,** des antiken Staatsarchivs. Es dient seit dem Mittelalter als Unterbau für den **Palazzo Senatorio** und bietet einen großartigen Blick auf das Forum Romanum.

Tour im Centro Storico

Tour ❷

Durch das antike Rom

1. Monumento a Vittorio Emanuele II.
2. Palazzo Venezia
3. Piazza del Campidoglio
4. S. Maria in Aracoeli
5. Konservatorenpalast
6. S. Giuseppe dei Falegnami
7. Forum Romanum
8. Palatin
9. Konstantinsbogen
10. Kolosseum
11. Forum Julius Cäsars
12. Forum des Augustus
13. Trajansforum
14. S. Maria di Loreto

San Giuseppe dei Falegnami 6 [D7]

Vom Kapitol gelangt man auf den Passaggio del Muro Romano, an dessen Ende sich die dem hl. Joseph und der Zimmermannszunft geweihte Kirche (um 1600) mit dem **Mamertinischen Kerker** (Carcere Mamertino) erhebt. Unter der Kirche befindet sich in den Verliesen des römischen Staatsgefängnisses die Kapelle San Pietro in Carcere. Hier schmachtete nach den christlichen Legenden auch Petrus. Er konnte fliehen, weil er die Kerkermeister zum Christentum bekehrte. Das Schicksal der meisten Gefangenen in der ehemaligen Zisterne war jedoch besiegelt: Ihre Leichen verschwanden in der unter den Kerkern fließenden Cloaca maxima (Clivo Argentario 1, 00186 Roma, Kirche bei Trauungen offen, Kerker Sommer 9–19, Winter 9–17 Uhr).

Forum Romanum 7 ⭐3 [D7]

Von der Kirche S. Giuseppe dei Falegnami führen der Clivo Argentario und die Via di S. Pietro in Carcere zum Forumseingang an der Via dei Fori Imperiali.

Die zwischen Viminal und Quirinal, Palatin und Kapitol gelegene sumpfige Talsenke bildete nach dem Bau der Cloaca maxima Herz und Zentrum des Römischen Weltreiches. Wie das Forum zu Zeiten der Cäsaren aussah, zeigt eine an den Kiosken erhältliche Illustration (Edizione Visioni, April–Sept. tgl. 8.30 bis 19, Okt.–Mitte Febr. 8.30–16.30, Mitte Febr.–März 8.30–17 Uhr, Kasse schließt 60 Min. früher, http://archeoroma.beniculturali.it, Sammelticket › S. 153; Reservierung Tel. +39 06 39 96 77 00, Audioguide auch auf Deutsch).

Der zentrale Platz

Vom Haupteingang führt die Via Sacra nach rechts zum zentralen Forumsplatz. An seiner Nordseite erheben sich die vierschiffige **Basilica Aemilia** Ⓐ, die ab dem Jahr 179 v. Chr. als Ladenpassage und Bankgebäude diente, und die **Kurie** (Curia) Ⓑ, die Sitz des antiken römischen Senats war. Die Ruinen des Baus gehen auf Kaiser Diokletian (um 300 n. Chr.) zurück, doch war der Platz schon in der Frühzeit Versammlungsort. Seit dem 7. Jh. als Kirche genutzt, wurde die Kurie Anfang des 20. Jhs. säkularisiert. Fünf Reihen Sessel auf den flachen Stufen im Inneren boten Platz für die mindestens 300 Senatoren. Der **Lapis Niger** Ⓒ ist das älteste Denk-

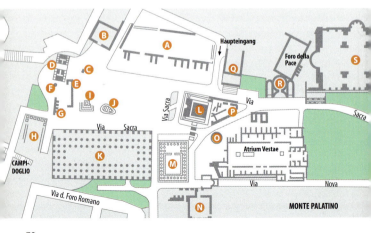

Tour 2: Durch das antike Rom **Centro Storico**

mal des Forums. Unter dem schwarzen Stein soll Stadtgründer Romulus begraben sein.

Die vier Reliefs am **Triumphbogen des Septimius Severus** D stellen die Orientfeldzüge des Kaisers und seiner Söhne dar. Caracalla ließ nach dem Mord an seinem Bruder Gaeta Lobeshymnen auf sich einmeißeln. Auf der Rednertribüne, der berühmten **Rostra** E, wurden Redewettbewerbe ausgetragen, Testamente und Dokumente verlesen.

Da sprichwörtlich alle Wege in die Ewige Stadt führen, freut es Besucher, am **Umbilicus Urbis** F (ein Steinkegel) das Zentrum des Römischen Weltreiches erreicht zu haben, **50 Dinge** (20) › S. 14. Der goldene Meilenstein, der **Miliarium aureum** G, ein einst mit Bronze verkleideter marmorner Zylinderblock, zeigte die Entfernung zu den wichtigsten Städten des Imperiums. Hinter den acht ionischen Säulen des **Saturntempels** (Tempio di Saturno) H, wurde der Staatsschatz gehortet. Ende Dezember fanden hier die Festivitäten der Saturnalien statt, die als Vorläufer des Karnevals gelten. Die 14 m hohe **Phokas-Säule** I, eine von sieben Ehrensäulen, die nach dem Untergang des Imperiums errichtet wurden, ehrt den byzantinischen General Phokas, der 608 n. Chr. als Usurpator den Thron bestieg, dem Papst aber das Pantheon schenkte.

Der **Lacus Curtius** J war als Verbindung zwischen Ober- und Unterwelt heilig. Früchte und Getreide, später auch Münzen, verschwanden in dieser wassergefüllten Bodensenke.

Die fünfschiffige **Basilica Julia** K an der Südseite des zentralen Platzes war mit ihren 101 m Länge und 49 m Breite großen Gerichtsprozessen vorbehalten. Ursprünglich 169 v. Chr. errichtet, ließ Cäsar sie 50 v. Chr. umbauen. An der Schmalseite errichtete man den **Tempel des Julius Cäsar** L, dort wurde die Leiche Cäsars verbrannt.

A Basilica Aemilia
B Kurie
C Lapis Niger
D Triumphbogen des Septimius Severus
E Rostra
F Umbilicus Urbis
G Miliarium aureum
H Saturntempel
I Phokas-Säule
J Lacus Curtius
K Basilica Julia
L Tempel des Julius Cäsar
M Tempel der Dioskuren
N Santa Maria Antiqua
O Rundtempel der Vestalinnen
P Regia
Q Tempel des Antonius Pius und der Faustina
R Tempel des Romulus
S Maxentius-Basilika
T Santa Francesca Romana
U Doppeltempel der Venus und Roma
V Titusbogen

Schönes Relief am Titusbogen

Aus Tempeln werden Kirchen

Man verlässt den Forumplatz bei dem im 5. Jh. erbauten **Tempel der Dioskuren** (Tempio di Castore e Polluce) ⓜ. Aus dem der Wassernymphe Juturna geweihten Lacus Juturnae sprudelte einst Quellwasser. Über den antiken Vicus Tuscus gelangt man zur Kirche **Santa Maria Antiqua** ⓝ, die als das älteste christliche Gebäude auf dem Forum gilt. 365 n. Chr. errichtet, symbolisiert sie den Triumph des Christentums an heidnischer Stätte.

Im **Rundtempel der Vestalinnen** (Tempio di Vesta) ⓞ brannte das heilige Feuer. Hier führte die Gattin des keineswegs zölibatär lebenden Pontifex maximus, die Regina sacrorum, das Regiment über die Priesterinnen der Göttin Vesta. Erlosch das Feuer, mussten die Frauen mit dem Tode rechnen. Die Vestalinnen lebten im angrenzenden Haus der Vestalinnen, dem Atrium Vestae (von der Via Nova aus zu betrachten). Verloren sie ihre Jungfräulichkeit, wurden sie bei lebendigem Leib begraben; hatten sie jedoch 30 Dienstjahre unbescholten absolviert, überschütteten Volk und Senat sie mit Ehrungen.

Die **Regia** ⓟ erinnert an die hier residierenden Könige, Cäsar bewohnte sie als oberster Priester, als *Pontifex maximus*. Diese Bezeichnung ging später auf den Papst über. Zehn Säulen und ein Architrav sind vom **Tempel des Antoninus Pius und der Faustina** ⓠ geblieben, in den im 7. bis 8. Jh. die Kirche San Lorenzo in Miranda eingebaut wurde. Der **Tempel des Romulus** ⓡ entstand 309 n. Chr. für den vergöttlichten Sohn des Kaisers Maxentius. Er ist Teil der Kirche Santi Cosma e Damiano, die oberhalb der Bibliothek des Friedensforums Vespasians steht.

Die **Maxentius-Basilika** ⓢ ist noch zu einem Drittel erhalten. Kaiser Konstantin siedelte hier nach der Schlacht an der Milvischen Brücke exklusive Geschäfte an. In dem 36 m hohen Gewölbe stand die Kolossalstatue des Kaisers (Reste im Konservatorenpalast › S. 76). Die Päpste nutzten den Bau als Steinbruch. In **S. Francesca Romana** ⓣ, früher S. Maria Nova, überragt eine Darstellung der Gottesmutter mit Kind aus dem 5. Jh. andere frühchristliche Arbeiten.

Letzter großer Komplex des Forums ist der **Doppeltempel der Venus und Roma** ⓤ. Natürlich gab es

Tour 2: Durch das antike Rom **Centro Storico**

auf dem Forum Romanum auch Tavernen und Bordelle, deren Grundmauern an der Via Sacra entdeckt wurden. Hier gibt es einen Ausgang aus dem Gelände.

Der **Titusbogen** (Arco di Tito) ⓥ ist der älteste erhaltene Triumphbogen Roms, errichtet von Domitian, Titus-Nachfolger, nach der Eroberung Jerusalems. Im Beutezug gut erkennbar ist der siebenarmige Leuchter aus dem Tempel Salomons. **50 Dinge** ㊱ › S. 16.

Palatin ❽ ⭐ [D8]

Der Clivo Palatino führt auf den Palatin. Mit Beginn der Kaiserzeit verlagerte sich das Machtzentrum des Reiches hierher. Die Bedeutung des römischen Kaiserhügels lebt in den Begriffen »Palast« und »Pfalz« fort.

Von der **Aussichtsterrasse** der auf dem Palatin im 16. Jh. angelegten Farnesischen Gärten, der ältesten botanischen Anlage der Stadt, bietet sich ein schöner Blick über die Ruinen der einst so prächtigen Paläste.

Kaiser Augustus wurde auf dem Palatin geboren und hatte hier seine Privatgemächer, ebenso wie seine kluge, politisch gewandte Gattin Livia im **Haus der Livia**. Weiter südlich entdeckten Archäologen das mit Wandmalereien geschmückte **Haus des Augustus** (Einlass nur in kleinen Gruppen Mo, Mi, Sa, So 11–15.30 Uhr). Aus republikanischer Zeit stammt das in der Kaiserzeit überbaute **Haus des Greifen** (Casa dei Grifi) mit Wandmalereien.

Vorbei an den Empfangs- und Repräsentationsräumen des **Domus Flavia** aus der Zeit Domitians gelangt man zum **Museum** (offen bis 1 Std. vor Schließung des Geländes) mit Funden der palatinischen Siedlung; hervorzuheben sind die Lampana-Reliefs. Ein großartiger **Belvedere** an den Südausläufern des Palatins öffnet den Blick auf den Circus Maximus und den Aventin. Am **Domus Augustana** und **Stadion des Domitian** vorbei führen Treppen zum Ausgang an der Via di San Gregorio. (Geöffnet wie Forum Romanum; Sammelticket › S. 153; Eingang an der Via di S. Gregorio 30)

Konstantinsbogen ❾ [E8]

Der Arco di Costantino wurde nach dem Sieg Kaiser Konstantins in der Schlacht an der Milvischen Brücke (Oktober 312) über Maxentius errichtet. Mit dem Rückgriff auf ältere Kaiserreliefs, die hier verbaut wurden, bezieht sich Konstantin auf die »guten alten Imperatoren« des 2. Jh. Das Bauwerk (312–315) ist der größte erhaltene Triumphbogen.

Kolosseum ❿ ⭐ [E8]

In der ovalen Anlage des viergeschossigen Kolosseums (ca. 73–80 n. Chr.) fanden 50 000 Menschen Platz. *Panem et circenses,* Brot und Spiele, mussten die Cäsaren ihren Bürgern bieten, wollten sie ihre absolute Macht erhalten. In gehobenen Kreisen war es etwa ab dem 2. Jh. n. Chr. jedoch nicht mehr opportun, sich bei den blutrünstigen *venationes* (Tierhetzen) und Gladiatorenkämpfen zu zeigen.

Nicht bewiesen sind Christenverfolgungen und Martyrien im Kolosseum, wie das im Inneren aufge-

Centro Storico Tour 2: Durch das antike Rom

Karte S. 76

Stolze Ruine: das Kolosseum

stellte Kreuz die Nachwelt glauben lassen möchte. Wahrscheinlich fanden diese Massenhinrichtungen im Circo Massimo statt. Das Kolosseum gilt seit Papst Benedikt XIV. (Mitte 18. Jh.) als heiliger Ort und ist am Karfreitag Station des Kreuzwegs. (Piazza del Colosseo, 00184 Roma, Tel. +39 06 39 96 77 00; Sammelticket › S. 153; geöffnet wie Forum Romanum)

Zwischenstopp: Restaurants

Zu empfehlen sind die Trattorien hinter dem Kolosseum, z.B.
Al Gladiatore ❶ €–€€ [E8]
• Piazza del Colosseo 5 | 00184 Roma
 Tel. +39 06 77 59 02 70
 Mi abends geschl.

Enoteca Cavour 313 ❷ € [E7]
Gute Adresse für einen kleinen Imbiss.
• Via Cavour 313 | 00184 Roma
 Tel. +39 0 66 78 54 96

Kaiserforen ⭐ [D7]

An der Via dei Fori Imperiali, von Mussolini als Verbindung zwischen Kolosseum und Palazzo Venezia erbaut, liegen die antiken Kaiserforen. Bei groß angelegten Grabungen konnten Teile freigelegt werden.

Das **Forum Julius Cäsars** 11 ist das älteste der Kaiserforen, die als Erweiterung des Forum Romanum erbaut wurden. Hier erinnern drei korinthische Säulen an den Tempel der Venus Genetrix. Es folgte das **Forum des Augustus** 12 mit dem Tempel des rächenden Gottes Mars (Mars Ultor), der mit Beutegeldern aus dem Rachefeldzug gegen dei Mörder Cäsars finanziert wurde.

Das Zentrum des gewaltigen, von Apollonius von Damaskus entworfenen **Trajansforums** 13 bildete die fünfschiffige Basilica Ulpia. Die **Trajanssäule**, das eindrucksvollste Monument der Kaiserforen, wurde 113 n. Chr. errichtet. Die 40 m hohe Siegessäule erinnert an Kaiser Trajans Regentschaft (98–117 n. Chr.) und seine Erfolge in den Dakerkriegen. Das Außenrelief mit über 2500 Figuren zieht sich spiralförmig über 270 m aufwärts. Trajans Statue auf dem Monument wurde 1587 durch die des Apostels Petrus ersetzt.

Ein Teil des Quirinalhügels musste für die in der Antike wie ein Weltwunder gefeierten **Trajansmärkte** (Mercati Traiani) abgetragen werden. Dort, wo über 100 Läden und Geschäfte ansässig waren, informiert nun das **Museo dei Fori Imperiali** über antike Architektur und die Geschichte der Kaiserforen (Via IV Novembre 94, 00187 Roma, Tel. +39 06

Karte S. 84 — Tour 3: Altstadt um die Piazza Navona — **Centro Storico**

06 08, www.mercatiditraiano.it, Di bis So 9–19, Einlass bis 18 Uhr).

Santa Maria di Loreto 14 [D7]

Die Kuppelkirche, Grundsteinlegung 1501, zeigt eine bemerkenswerte Laterne mit ausgestellten kleinen Säulen, die viel zu mächtig für den eleganten Bau wirkt. Die unteren Bereiche schuf Antonio da Sangallo, vollendet wurde die Kirche von Giacomo Del Luca.

Die Altstadt um die Piazza Navona

Verlauf: Piazza Navona › Palazzo Altemps › Piazza Santa Maria sopra Minerva › Pantheon

Karte: Seite 84
Dauer: 2–3 Stunden
Praktische Hinweise:
- Die Piazza Navona ist per Bus (40, 116) zu erreichen, das Pantheon über den Largo Argentina, an dem die Straßenbahn 8 und die Busse 40, 62, 64 verkehren.
- Das Museo di Roma und der Palazzo Altemps sind Mo geschl.

Tour-Start: Piazza Navona 15 ⭐ [C6/7]

Als wahrscheinlich schönster Platz Roms erinnert die Piazza Navona mit ihrer ungewöhnlichen Form an das antike Stadion des Domitian, über dem sie erbaut wurde. Zwischen Wahrsagern, Souvenir- und Luftballonverkäufern spielen Kinder, flanieren die Römer oder staunen Touristen aus aller Welt. Drei Brunnen dominieren die Piazza.

In der Platzmitte zeigt der **Vierströmebrunnen** (Fontana dei Fiumi, 1648–1651) – ❗ ein Meisterwerk Berninis – die allegorischen Figuren von Donau, Ganges, Nil und Río de la Plata. Sie symbolisieren die vier damals bekannten Erdteile. Hartnäckig hält sich die Legende, dass Baumeister Bernini die Figur des Río de la Plata schützend eine Hand gegen die Fassade von **Sant'Agnese in Agone** 16 erheben ließ. Die Kirche stammt von seinem Konkurrenten Borromini, und Bernini wollte so angeblich sein Misstrauen gegenüber der ausgeklügelten Statik zum Ausdruck bringen. Doch wie groß die Konkurrenz der genialen Baumeister auch gewesen sein mag – der Vierströmebrunnen war bereits vor Baubeginn der Kirche fertig …

Den **Mohrenbrunnen** am Süd- und den **Neptunbrunnen** am Nordende

Der Río de la Plata am Vierströmebrunnen

der Piazza schuf Giacomo della Porta (1575/76).

Den **Palazzo Braschi** 17 ließ Papst Pius VI. 1791 für seinen Neffen bauen. Heute beherbergt er das **Museo di Roma,** in dem über 100 000 Objekten die Stadthistorie veranschaulichen. Aus dem Obergeschoss bietet sich ein großartiger Blick auf die Piazza Navona (Di–So 10–20 Uhr www.museodiroma.it, 8,50 €).

Zwischenstopp: Restaurant
Tre Scalini 3 €€€ [C6]
Als Dessert einen köstlichen Tartuffo!
- Piazza Navona 28 | 00186 Roma
  Tel. +39 06 68 80 19 96
  www.trescalini.it

Touren in der Altstadt

Tour 3
Die Altstadt um die Piazza Navona

15 Piazza Navona
16 Sant'Agnese in Agone
17 Palazzo Braschi
18 Piazza Pasquino
19 Santa Maria della Pace
20 Palazzo Altemps
21 Sant'Agostino
22 San Luigi dei Francesi
23 Sant'Ivo alla Sapienza
24 Piazza Santa Maria sopra Minerva
25 Pantheon

Tour 4
Zwischen Tiberinsel und Tiberknie

26 Santa Maria in Cosmedin
27 Forum Boarium
28 Janusbogen
29 Wechslerbogen
30 Teatro di Marcello
31 Ospedale dei Fatebenefratelli
32 San Bartolomeo
33 Hauptsynagoge
34 Sant'Angelo in Pescheria
35 Piazza Mattei
36 Crypta Balbi
37 Area Sacra Argentina
38 Palazzo Pio
39 Palazzo Spada
40 Palazzo Farnese
41 Campo de' Fiori
42 Palazzo della Cancelleria
43 Tribunalpalast
44 San Giovanni dei Fiorentini

84

Karte S. 84

Tour 3 | 4 **Centro Storico**

Piazza Pasquino 18 [C6]

Auf der Piazza erhebt sich die Statue des Pasquino. Der antike Torso aus dem 3. Jh. ist eine der »sprechenden Statuen« von Rom. Es gab mehrere dieser Statuen in der Stadt; die Römer hefteten Spottverse daran, um ihren Unmut über Geschehnisse oder Personen kundzutun.

Santa Maria della Pace 19 [C6]

In der Kirche an der Via Arco della Pace lockt Raffaels Fresko der »Vier Sybillen« (1514). Der zweigeschossige Renaissance-Kreuzgang geht auf Bramante zurück, in den angeschlossenen Klosterräumen finden Ausstellungen statt.

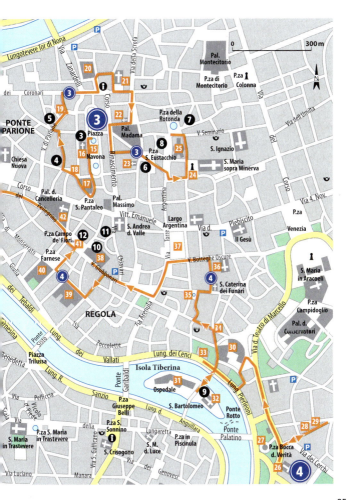

Zwischenstopp: Restaurants

Mimì e Cocò ❹ [C7]

Weinbar für den späten Abend.

• Via del Governo Vecchio 72
00186 Roma | Tel. +39 06 68 21 08 45
www.mimiecoco.com

Antico Caffè della Pace ❺ €€ [C6]

Alteingesessene Trattoria.

• Via della Pace 3 | 00186 Roma
Tel. +39 0 66 86 12 16
www.caffedellapace.it

Palazzo Altemps 20 ⭐ [C6]

In dem Renaissance-Palazzo (Piazza Sant'Apollinare) ist die **Ludovisische Sammlung,** ein Teil des Museo Nazionale Romano, zu sehen. Diese Sammlung antiker Skulpturen zeigt eine Reihe herausragender Werke, wie den **Ludovisischen Thron** (5. Jh. v. Chr.), den **Galater, der sich und seine Frau tötet** oder den **Hermes Ludovisi,** den Satyr aus der Schule des bedeutendsten Bildhauers der Antike: Praxiteles. (Piazza di Sant' Apollinare 46, 00186 Roma, Tel. 06 39 96 77 00, archeoroma.beniculturali.it; Di–So 9–19.45 Uhr; Ticket › **S. 153**)

Sant'Agostino 21 ⭐ und San Luigi dei Francesi 22 ⭐ [C6]

In **Sant'Agostino** (Piazza Sant' Agostino, tgl. 7.30–12.30, 16–18 Uhr) begeistern der Prophet Jesaias von Raffael und die Madonna dei Pellegrini von Caravaggio, während in der französischen Nationalkirche **San Luigi dei Francesi** (tgl. 10–12.30, Fr–Mi auch 16–19 Uhr) Caravaggio einen Bilderzyklus über den Evan-

gelisten Matthäus schuf. **50 Dinge** 25 › **S. 15.**

Sant'Ivo alla Sapienza 23 ⭐ [C7]

Auf dem Corso del Rinascimento, vorbei am Palazzo Madama, dem Sitz des Senats, gelangt man zu Sant'Ivo alla Sapienza (nur So 9–12 Uhr, Messe 9.30 Uhr). Borromini schuf hier unter völligem Verzicht auf Farben und Bilder, nur durch die Kombination geometrischer Körper, ein Meisterwerk.

Zwischenstopp: Café

Caffè Sant' Eustachio ❻ € [C7]

Probieren Sie im Sommer die kühle *granita di caffè*, **50 Dinge** 41 › **S. 17.**

• Piazza Sant' Eustachio 82
00186 Roma | tgl. 8.30–1 Uhr
www.santeustachioilcaffe.it

Piazza Santa Maria sopra Minerva 24 ⭐ [C7]

An der kleinen Piazza steht Berninis **Elefantenobelisk.** Der ägyptische Obelisk auf dem Rücken des Elefanten stammt aus dem 6. Jh. v. Chr. und stand vor den Toren eines antiken, der Isis geweihten Tempels.

Santa Maria sopra Minerva, auf den Ruinen des Isis-Tempels errichtet, wurde als einzige bedeutsame gotische Kirche Roms 1280 von Dominikanern begründet. Am Kirchenschiff ist der Einfluss der Florentiner Baukunst sichtbar. Zu den Sehenswürdigkeiten zählen die Cappella Caraffa mit Fresken Filippino Lippis, der Sarkophag der hl. Katharina von Siena und der Auferstandene Christus von Michelange-

Karte S. 84 — Tour 3: Altstadt um die Piazza Navona — **Centro Storico**

lo links des Hauptaltars. In der ersten Kapelle links vom Chor liegt das Grab von Beato (»Fra«) Angelico, die Medici-Päpste ruhen links und rechts vom Hochaltar aus.

Pantheon 25 [C7]

Der unter Kaiser Hadrian Anfang des 2. Jhs. errichtete kreisrunde Tempel mit giebelgekrönter Säulenvorhalle, ein Meisterwerk der antiken Architektur, war den Planetengöttern geweiht, deren Statuen die sieben Nischen zierten. Der Prachtbau ist in ausgezeichnetem Zustand; nur die vergoldeten Bronzeziegel der Kuppelschale und der Vorhalle fehlen. Im Jahr 608 wurde das Pantheon in eine Marienkirche umgeweiht. Die in einer Art antikem Beton gegossene Kuppel mit ihrem Durchmesser von 43,30 m inspirierte Michelangelo zum Entwurf der Petersdomkuppel. Der beeindruckende Zentralbau dient auch als bedeutende Grabstätte: Der Renaissancekünstler Raffael ruht hier (in der 3. Nische auf der li. Seite), genauso wie die italienischen Könige. Das Pantheon wurde im Laufe der Jahrhunderte seiner Kunstschätze beraubt. Für die letzte Plünderung war Papst Urban VIII. aus der Familie der Barberini verantwortlich: Er ließ aus der Bronzekassettendecke der Vorhalle den Baldachin für den Petersdom › S. 65 und Kanonen gießen. Roms Kommentar: An der Statue des Pasquino erschien der Satz *Quod non fecerunt barbari, fecerunt Barberini*, »Was die Barbaren nicht schafften, erledigten die Barberini«. Die von Bernini applizierten Glockentürme wurden als Eselsohren verspottet und 1883 wieder abgerissen. (Piazza della Rotonda, 00186 Roma, Mo–Sa 8.30–19.30, So 9–18, Fei 9–13 Uhr; Eintritt frei)

Zwischenstopp: Cafés
Tazza d'Oro 7 [C6]

In Roms bester Kaffeerösterei kann man den frisch duftenden Kaffee im Stehen genießen. **50 Dinge** (13), (33) › S. 13, 16.
- Via degli Orfani 84 | 00186 Roma
  www.tazzadorocoffeeshop.com
  So geschl.

Cremeria Monteforte 8 [C7]

❗ Köstliches Eis direkt am Pantheon.
- Via della Rotonda 22 | 00186 Roma

Roms beste Eisdielen

- **Pasticceria Giolitti** [C6]
  Kunst des Eismachens in Vollendung: Das Eis der Familie Giolitti gilt als das beste Roms. › S. 93
- **San Crispino** [D6]
  Die Eiskreationen sind unwiderstehlich köstlich. › S. 103
- **Gelateria della Palma** [C6]
  Erfrischende Vielfalt: hundert Sorten in allen Aromen.
  Via della Maddalena 20.
- **Caffè Ciampini** [D6]
  Schokolade ist Trumpf: Besonders beliebt ist der zart schmelzende »Tartufo al Cioccolato«. › S. 97
- **Cremeria Monteforte** [C7]
  Ein beliebter Treffpunkt römischer Naschkatzen. › s. oben

87

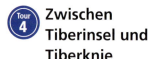

Zwischen Tiberinsel und Tiberknie

Verlauf: Santa Maria in Cosmedin › **Tiberinsel** › **Hauptsynagoge** › **Crypta Balbi** › **Campo de' Fiori** › **San Giovanni dei Fiorentini**

Karte: Seite 84
Dauer: 4 Stunden
Praktische Hinweise:
- Mehrere Buslinien fahren zu Santa Maria in Cosmedin (30, 160, 170), und zum Ende an der Via Giulia (64, 116 u.a.).
- Diese Tour sollte man vormittags unternehmen(Markt Campo de' Fiori findet Mo–Sa 6–13.30 Uhr).

Tour-Start: **Piazza Bocca de la Verità** [D8]

Ein Favorit aller Rom-Besucher ist der ❗ Mund der Wahrheit (Bocca della Verità) in der Vorhalle der Kirche **Santa Maria in Cosmedin** 26. Das Antlitz der Flussgottheit Triton im Relief war in der Antike wohl ein Kanaldeckel der Cloaca Maxima. Die Legende besagt, dass Lügnern, die ihre Hand in den Mund stecken, diese abgebissen wird. Tag für Tag stellen Tausende ihre Glaubwürdigkeit auf die Probe. Im Inneren beeindrucken die Cosmatenarbeiten (12./13. Jh.), Einlegearbeiten aus verschiedenfarbigem Marmor auf dem Fußboden und ein Mosaik (8. Jh.) in der Sakristei. Die Krypta ist in einen antiken Tempel hineingebaut. (Nr. 18, tgl. 10–17 Uhr)

Auf dem antiken Rindermarkt, dem **Forum Boarium** 27, erheben sich der runde Tempel des Herkules und der Tempel des Portunus, zwei gut erhaltene römische Tempel aus republikanischer Zeit. Bevor im 19. Jh. die Tiberbefestigung angelegt wurde, erstreckte sich der antike Handelsplatz vom Tiber bis zum **Janusbogen** 28 (Arco di Giano) unterhalb des Palatin. Der vierseitige Bogen (4. Jh.) war Kaiser Konstantin geweiht. Den **Wechslerbogen** 29 (Arco degli Argentari) widmeten Geldwechsler und Viehhändler im 3. Jh. Kaiser Septimius Severus.

Teatro di Marcello 30 [D7]

An der Via del Teatro di Marcello steht links das antike Marcellus-Theater mit den eingebauten Palasträumen der Adelsfamilie Orsini. Augustus hatte einst das 17 580 Plätze fassende Theater zur Erinnerung an seinen Neffen in Auftrag gegeben. Im Sommer finden hier Klassikkonzerte statt.

Tiberinsel (Isola Tiberina) [C8]

Über den **Ponte Fabrizio,** die älteste antike Brücke Roms (62 v. Chr.), betritt man die Tiberinsel. Die dem griechischen Gott der Heilkunst Asklepios (Äskulap) geweihte Insel wurde in der Antike wegen ihrer Schiffsähnlichkeit mit Travertin in Schiffsform verkleidet. Die Bruderschaft des Krankenhauses **Ospedale dei Fatebenefratelli** 31 war im Spätmittelalter für die Pflege der Pestkranken und den Abtransport der Leichen zuständig. Auf den Ruinen des Äskulap-Tempels stehen seit der Zeit Kaiser Ottos III. **Kirche und Kloster von San Bartolomeo** 32 mit dem romanischen Campanile.

Zwischenstopp: Restaurant
Sora Lella 9 €€–€€€ [C8]
! Institution der römischen Küche.
• Via di P. Quattro Capi 16,
am Ponte Fabrizio | 00186 Roma
Tel. +39 0 66 86 16 01
www.soralella.com

Jüdisches Viertel [C/D7]
Über den Ponte Fabrizo gelangt man zurück auf die linke Tiberseite und betritt das alte jüdische Viertel, das sich – wieder von Juden bewohnt – viele malerische Winkel, koschere Läden und Restaurants bewahrt hat.

Hauptsynagoge 33
Am Lungotevere dei Cenci erhebt sich die Hauptsynagoge mit dem **Museo Ebraico.** Der Bau wurde 1904 in orientalisierendem Stil errichtet und gilt als Monument der Befreiung der Juden aus dem Ghettodasein. Das Museum vermittelt deutschsprachige Führer, die durch das frühere Ghetto geleiten (Lungotevere Dè Cenci, 00186 Roma, Tel. +39 06 68 40 06 61, www.museoebraico.roma.it; 16. Juni–Sept. So–Do 10 bis 19, Fr 9–16, sonst So–Do 10–17, Fr 9–14 Uhr; an jüdischen Fei geschl.).

Sant'Angelo in Pescheria 34
Die Reste des **Portico d'Ottavia,** wo vor 2000 Jahren griechische Kunstwerke ausgestellt wurden, sind in der Vorhalle der Kirche Sant'Angelo in Pescheria verbaut. Berühmt-

Bocca della Verità

berüchtigt ist das Kirchlein der christlichen Bekehrungsversuche wegen, die sich hier jahrhundertelang über die Mitglieder der jüdischen Gemeinde ergossen.

Piazza Mattei 35
Ein ! Schmuckstück ist der Schildkrötenbrunnen von Giacomo della Porta (1585) auf der verträumten Piazza Mattei. Die bronzenen Jünglingsgestalten gehen auf den Florentiner Bildhauer Taddeo Landini zurück. Sehenswert ist auch die Kirche **Santa Caterina dei Funari** in der gleichnamigen Straße (1560–1564).

Crypta Balbi 36
Über die Via Caetani gelangt man zur Via delle Botteghe Oscure, der »Straße der dunklen Werkstätten«, wo es im Mittelalter eine schummrige Ladenzeile gab. Heute erhält man in den historischen Mauern der Crypta Balbi (Hausnr. 31) einen hervorragenden Einblick in die

Siedlungsgeschichte Roms nach dem Ende der Antike. Rekonstruktionen, Grabungsfunde und Modelle veranschaulichen den Wandel des Alltagslebens in der Stadt im Verlauf der Jahrhunderte (Tel. +39 06 39 96 77 00, http://archeo roma.beniculturali.it; Di–So 9 bis 19.45 Uhr; Sammelticket Museo Nazionale di Roma › S. 153).

Area Sacra Argentina 37 [C7]

Die sog. Area Sacra Argentina am Largo di Torre Argentina bezeichnet Tempelruinen aus dem 3. und 2. Jh. v. Chr. Sie bezeugen den Stellenwert des Stadtviertels in republikanischer Zeit (nur Außenbesichtigung). Zahlreiche streunende Katzen haben hier eine Zuflucht gefunden.

Palazzo Pio 38 [C7]

Über die Via di Arenula geht es in die Via dei Giubbonari. Bevor man nach links in den Vicolo delle Grotte abbiegt, liegt rechter Hand der Palazzo Pio, in dem das Rome Center der Universität Washington eingezogen ist. In der Antike erstreckte sich das Teatro di Pompeo von hier bis zur heutigen Kirche Sant'Andrea della Valle am Corso Vittorio Emanuele (Piazza Biscione 95, 00186 Roma).

Zwischenstopp: Restaurants

Im Ristorante **Da Pancrazio** 10 €€– €€€ [C7] steht jene antike Säule des Theaterrunds, an der Julius Cäsar am 15. März 44 v. Chr. seine Mörder traf.
• Piazza Biscione 92/94 | 00186 Roma Tel. 0 66 86 12 46 | Mi geschl.

Trattoria del Pallaro 11 € [C7]
Tagesgerichte aus frischesten Zutaten.
• Largo del Pallaro 15 | 00186 Roma Tel. 06 68 80 14 88 | Mo geschl.

Palazzo Spada 39 [C7]

Auf der Piazza Capo di Ferro wartet im Palazzo Spada mit der **Galleria Prospettica Borromini** ein Kunstjuwel auf seine Besucher. Francesco Borromini nutzte in der nur 9 m langen Kolonnade virtuos alle Möglichkeiten der illusionistischen Perspektivendarstellung (Zugang Via Polverone 15b, 00186 Roma, Tickets Tel. +39 0 66 83 24 09, www.galleriabor ghese.it; Di–So 8.30–19.30 Uhr).

Palazzo Farnese 40 [C7]

Den schönen Palazzo Farnese aus dem 16. Jh. an der gleichnamigen Piazza nennen die Römer Il Dado, »den Würfel«. Gebaut unter anderem von Michelangelo, fällt das große Wappen mit päpstlicher Tiara an der Fassade auf, das Paul III. in Auftrag gab. Hier residiert heute die französische Botschaft. Auf der Piazza stehen zwei gewaltige »Wannen« aus den Caracalla-Thermen, in denen sich das Wasser der **Zwillingsbrunnen** von Rainaldi sammelt.

Campo de'Fiori 41 ⭐ [C7]

Die zentrale **Statue** auf dem Campo de'Fiori (»Blumenfeld«), einem der stimmungsvollsten römischen Plätze, erinnert an Giordano Bruno, den bedeutenden Philosophen und Freidenker, der im Jahre 1600 als Ketzer auf dem Platz verbrannt wurde. Zu ihren Füßen findet von Mo–Sa (7–14 Uhr) 🛈 der beliebtes-

90

Karte S. 84   Tour 4: Zwischen Tiberinsel und Tiberknie   **Centro Storico**

Auch abends ist der Campo de´ Fiori stimmungsvoll

te römische Lebensmittelmarkt statt **50 Dinge** ② und ⑯ › **S. 12, 14**. Gegen Mittag öffnen dann immer mehr Bars und Trattorien, bis die Piazza zum Ziel der Abendflanierer und Nachtschwärmer wird.

Zwischenstopp: Restaurant
Hostaria Romanesca ⑫ € [C7]
Bodenständige Taverne.
• Piazza Campo de'Fiori, 40 | Mo geschl. 00186 Roma | Tel. 0 66 86 40 24

Palazzo della Cancelleria ㊷ [C7]
Mit dem Gewinn einer durchspielten Nacht ließ Kardinal Raffaele Riario im 15. Jh. den Palazzo erbauen. Das Baumaterial stammte zum Teil aus dem Kolosseum. Der Palast beherbergt heute u.a. das päpstliche Eheannulierungsgericht. Einen Besuch lohnt die integrierte Basilika **San Lorenzo in Damaso** (Piazza della Cancelleria 1, 00186 Roma, 7.30 bis 12, 16.30–20 Uhr).

Via Giulia [B–C6–7]
Über die Via del Pellegrino trifft man auf die schnurgerade Via Giulia. Den unter Papst Julius II. begonnenen, jedoch nie vollendeten **Tribunalpalast** ㊸ (Nr. 52) haben Lästermäuler »Sofa« getauft, da die großen Steinblöcke des Untergeschosses zum Sitzen einladen. Anstelle des Palastes entstanden die Carceri Nuove, die »neuen Gefängnisse«, derzeit Sitz der Antimafia-Kommission.

Zu Beginn des 16. Jhs. zählte die Gegend um **San Giovanni dei Fiorentini** ㊹ am nördlichen Ende der Via Giulia zu den besten Adressen und war Domäne der Florentiner Diplomaten, Bankiers und Kaufleute. Die Kirche lohnt den Besuch wegen Werken u.a. von Bernini, da Cortona und Borromini, der wie Carlo Maderno in der Kirche bestattet ist (Via Acciaioli, 00186 Roma, tgl. 7–12, 17–19 Uhr, Kunstsammlung auf Anfrage: Tel. +39 0 66 86 98 92).

Rund um die Via del Corso

Verlauf: Galleria Doria Pamphilj › Sant'Ignazio › Augustus-Denkmäler › Piazza del Popolo › Monte Pincio › Spanische Treppe › Trevibrunnen

Karte: Seite 94
Dauer: 4–5 Stunden
Praktische Hinweise:
- Die Galleria Doria Pamphilj ist mit Bussen (81, 85) über di Piazza Venezia zu erreichen.
- Legen Sie die Tour auf den Nachmittag, sodass Sie die Aussicht vom Monte Pincio in der Dämmerung und den Trevibrunnen im Scheinwerferlicht genießen können.

Tour-Start: Galleria Doria Pamphilj 45 ★ [D7]

Die Galleria Doria Pamphilj im gleichnamigen Adelspalast mit Ursprung im 15. Jh. zeigt eine herausragende Gemälde- und Skulpturensammlung mit Werken u.a. von Tintoretto, Caravaggio und Breughel d.Ä. Großartig der direkte Vergleich eines Gemäldes von Velázquez und einer Büste von Bernini: beides **Porträts von Papst Innozenz X. Pamphilj** (Via del Corso 305, 00186 Roma, www.doriapamphilj.it; tgl. 10–17 Uhr; 10,50 €).

Sant'Ignazio 46 [D6/7]

Wie eine Inszenierung erscheint die Rokoko-Piazza di S. Ignazio, über der sich die Jesuitenkirche Sant'Ignazio (1626–1650) erhebt. Im Kircheninneren wirken die illusionistische Kuppel und das perspektivische Deckengemälde von Andrea Pozzo täuschend echt (tgl. 7.30–12.15, 15–19.15 Uhr).

Piazza Colonna 47 [D6]

Über die Piazza di Pietra mit dem gut erhaltenen Hadriantempel (Sitz der römischen Börse) und dem modernen **Gran Caffè La Caffettiera** mit bestem Kaffee gelangt man zur **Galleria Alberto Sordi** (1924), einer nach einem römischen Volksschauspieler benannten Einkaufsgalerie mit Boutiquen und einer Buchhandlung an der Piazza Colonna. **50 Dinge** 24 › S. 15.

Namensgebend für die Piazza Colonna ist die 30 m hohe antike **Grabsäule des Mark Aurel** (Colonna di Marco Aurelio) mit kunstvollen Reliefs, die Szenen aus den Germanischen und den Sarmatischen Kriegen im 2. Jh. n. Chr. zeigen. Seit Ende des 16. Jhs. krönt das Meisterwerk eine Statue des hl. Paulus.

Der angrenzende Renaissancebau des **Palazzo Chigi** ist seit den 1960er-Jahren der Sitz des Ministerpräsidenten der parlamentarischen Republik *Repubblica Italiana*.

Piazza Montecitorio 48 [C/D6]

Auf der Piazza fällt ein ägyptischer **Obelisk** auf, den Kaiser Augustus 10 v. Chr. nach Rom brachte. In der Antike diente die 34 m hohe Granitsäule auf dem Campo Marzo als Zeiger einer gewaltigen Sonnenuhr.

Karte S. 94

Tour 5: Rund um die Via del Corso **Centro Storico**

Die Via del Corso endet an der weiten Piazza del Popolo

Der von Bernini entworfene **Palazzo di Montecitorio** ist Sitz des Abgeordnetenhauses.

Zwischenstopp: Café
Pasticceria Giolitti ⓭ [C6]

❗ Traditionsreiche Eisdiele, die als beste Roms gilt. **50 Dinge** ⓲ › S. 14.
- Via Uffici del Vicario 40 | 00186 Roma Tel. +39 0 66 99 12 43
  www.giolitti.it | tgl. 7–2 Uhr

Augustus-Denkmäler [C5/6]

In Anlehnung an etruskische Hügelgräber entstand das **Augustus-Mausoleum** ㊾ (Mausoleo di Augusto, Pza Augusto Imperatore, 00186 Roma, Tel. 06 06 08, zzt. geschl.). Die **Ara Pacis Augustae** ㊿, der Friedensaltar des Augustus (ca. 10 v. Chr.), verherrlicht in Marmorreliefs die Regierung des römischen Kaisers nach den Kriegen in Gallien und Spanien. Der heiß diskutierte moderne Altar-Umbau des amerikanischen Architekten Richard Meier wurde 2006 eingeweiht (Lungotevere in Augusta, 00186 Roma, www.arapacis.it, Di–So 9–19 Uhr).

Zwischenstopp: Restaurant
Alfredo Imperatore ⓮ €€–€€€ [C5] Erste Adresse für hausgemachte Pasta.
- Piazza Augusto Imperatore 30 00186 Roma | Tel. +39 0 66 87 87 34 www.alfredo-roma.it | So geschl.

Flaniermeile Via del Corso [C–D5–7]

Der nördliche Abschnitt der schnurgeraden Via del Corso war schon zu Zeiten Julius Cäsars das Herz und die Flaniermeile der umliegenden Viertel. Prozessionen, Demonstrationen, selbst Pferderennen fanden auf dem von prachtvollen Adelspalästen gesäumten »Kurfürstendamm Roms« noch im 19. Jh. statt. Zwischen Piazza del

93

Popolo und Via Tomacelli durchgehend, an Wochenenden bis zur Via di Mercede Fußgängerzone, lädt die Via del Corso auch heute noch zum ausgiebigen Promenieren und Einkaufen insbesondere von Mode z. B. bei Zara oder Adidas ein.

Casa di Goethe 51 [C5]
Eine kurze Unterbrechung des Schaufensterbummels verdient die **Casa di Goethe**. In der Wohnung des Malers Johann Heinrich Wilhelm Tischbein war Goethe von 1786 bis 1788 zu Gast. Neben Schriftstücken, Goethebüsten und zahlreichen Porträts des Dichters, darunter ein Siebdruck von Andy Warhol, beeindrucken auch die eigenhändigen Zeichnungen Goethes und Tischbeins (Via del Corso 18, 00186 Roma, Tel. +39 06 32 65 04 12, www.casadigoethe.it; Di–So 10–18 Uhr).

Zwischenstopp: Restaurant
Buccone 15 € [C5]
Hohe Weinregale, freundlicher Service und gute italienische Küche.

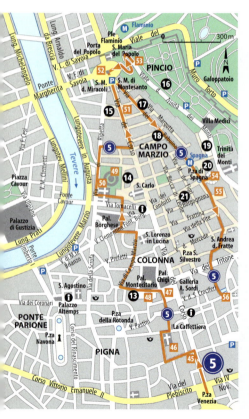

Tour
Via del Corso

Tour 5
Entlang der Via del Corso

- 45 Galleria Doria Pamphilj
- 46 Sant'Ignazio
- 47 Piazza Colonna
- 48 Piazza Montecitorio
- 49 Augustus-Mausoleum
- 50 Ara Pacis Augustae
- 51 Casa di Goethe
- 52 Piazza del Popolo
- 53 Monte Pincio
- 54 Spanische Treppe
- 55 Keats-Shelley-Gedächtnisstätte
- 56 Trevibrunnen

Tour 5: Rund um die Via del Corso **Centro Storico**

- Via Ripetta 19/20 | 00186 Roma
Tel. +39 0 63 61 21 54
www.enotecabuccone.com
Fr/Sa mittags und abends, Mo–Do nur mittags, So geschl.

Piazza del Popolo 52 [C5]

Der einzige klassizistische Platz Roms bildet seit der Antike den Zugang zur Stadt von Norden her. Seine heutige Gestalt ist das Ergebnis der stadtplanerischen Aktivitäten Papst Leos X., der im 16. Jh. mit Via Ripetta, Via del Corso und Via del Babuino drei strahlenförmig abzweigende Verkehrsachsen in den Häuserdschungel schlagen ließ.

Die Schneiseninseln zieren mit den Zwillingskirchen **Santa Maria di Montesanto** und **Santa Maria dei Miracoli** zwei Schmuckstücke des Barock. Mit der Aufstellung des ursprünglich ägyptischen **Flaminio-Obelisken** aus dem Zirkus Maximus durch Domenico Fontana 1589 und der beiden Brunnenanlagen wurden Akzente für die Freifläche gesetzt, die Valadier in den Umbau (1816–1824) integrierte. Mit dem **Caffè Rosati** (Nr. 5 a), **50 Dinge** ⑳ › S. 14, und dem **Canova** (Nr. 16) bietet der Platz zwei Höhepunkte römischer Kaffeehauskultur.

Porta del Popolo

Die der Piazza zugewandte Fassade des Stadttors gestaltete Bernini im Jahr 1655 zu Ehren der zum Katholizismus konvertierten Christine von Schweden. Die Außenfassade wurde nach Michelangelos Plänen unter Pius IV. (1560–1565) umgestaltet.

Santa Maria del Popolo ★

Die Hauptkirche des Viertels neben dem Stadttor wurde erstmalig 1099 erwähnt, ihre prachtvolle barocke Ausgestaltung erfuhr sie später durch Bernini (Skulpturen »Daniel in der Löwengrube« und »Habakuk mit dem Engel«). Zahlreiche Päpste liegen in der Kirche begraben. Von den Kunstschätzen beeindrucken die **Cappella Chigi** nach Entwürfen Raffaels, Caravaggios meisterhafte Gemälde »Bekehrung des hl. Paulus« und »Kreuzigung des hl. Petrus« in der **Cappella Cerasi** sowie Pinturicchios Fresken in der von Bramante geschaffenen **Chorapsis** und der **Rovere-Kapelle**. Aktuelle Kunstausstellungen finden in den **Sale di Bramante** in der Kirche statt (Mo–Sa 7–12, 16–19, So/Fei 7.30–13.30, 16.30–19.30 Uhr).

Monte Pincio 53 [D5]

Über einen Treppenweg bei Santa Maria del Popolo erreicht man die berühmte ❗ Aussichtsterrasse auf dem Monte Pincio. Von der Westseite eröffnet sich eine der großartigsten Ansichten Roms: Man blickt auf den Vatikan mit der Peterskirche, rechts liegt das Viertel Monte Mario. Die grandiose Kulisse wird gern für Veranstaltungen genutzt, u.a. im Winter als Eislaufpiste, im Sommer für das neapolitanische Puppentheater San Carlino (www.sancarlino.it, meist Sa/So).

Zwischenstopp: Restaurant
Casina Valadier ⑯ €€€ [D5]
Ausblick und Essen im eleganten Ambiente sind einmalig.

Die Spanische Treppe wurde als feierlicher Aufstieg zur französischen Nationalkirche erbaut

- Piazza Bucarest | 00187 Roma
  Tel. +39 06 69 92 20 90

Via del Babuino [C/D5]

Roms erste Adresse für Antiquitäten verdient einen kurzen Abstecher. Parallel verläuft die Künstlerstraße Via Margutta, wo auch Federico Fellini seine letzten Lebensjahre verbrachte.

Zwischenstopp: Restaurant

Im **Il Margutta** 17 €€ [D5] trifft sich die römische Prominenz, um in angenehmer Atmosphäre ❗ vegetarisch gut zu speisen.
- Via Margutta 118 | 00187 Roma
  Tel. +39 06 32 65 05 77
  www.ilmargutta.it

Exquisites süßes wie pikantes Gebäck und auch Sandwiches werden im **Caffè Canova Tadolini** 18 € [D5] verkauft. In den benachbarten Räumen blieb das Atelier von Bildhauer Canova und seinem Schüler Tadolini original erhalten.
- Via del Babuino 150 a–b
  00187 Roma | Tel. +39 06 36 00 21 90
  tgl. 8–24, So 10–24 Uhr

Spanische Treppe 54 ⭐ [D5/6]

Die Treppenanlage (Scalinata della Trinità dei Monti) verdankt ihren Bau (1723–1726, von Francesco de Sanctis) der französischen Nationalkirche **Santissima Trinità dei Monti** oberhalb, ihren Namen der **Spanischen Botschaft** unterhalb der Treppenanlage. Römer und Touristen genießen hier Flair und Panorama. Musiker spielen bis spät in die Nacht, Zeichner versuchen, Touristen auf ihre Schemel zu locken. Obelisk und Türme der Kirche, die Doppeltreppenanlage und die **Fontana della Barcaccia** auf der Piazza

96

Karte S. 94 — Tour 5: Rund um die Via del Corso — **Centro Storico**

di Spagna bilden das wohl meistfotografierte Ensemble Roms. Der mesiterhafte Barcaccia-Brunnen von Pietro und Gianlorenzo Bernini (1629) erinnert an das Hochwasser des Jahres 1598, bei dem ein Lastkahn hier angespült wurde.

Die **Keats-Shelley-Gedächtnisstätte** 55 rechts der Treppenanlage besuchen vor allem englische Touristen. In der Pension »Casina Rossa« wohnte John Keats, der das Ideal der Romantik intensiv lebte – und aus Kummer starb, weil seine Angebetete Fanny Browne seine Liebe nicht erwiderte (Piazza di Spagna 26, 00187 Roma, Tel. 0 66 78 42 35, www.keats-shelley-house.org; Mo bis Sa 10–13, 14–18 Uhr).

Von der Piazza di Spagna geht die **Via dei Condotti** ab. Hier liegt das Zentrum der Alta Moda. Wer bei Textil-, Schmuck- und Schuhdesign auf sich hält, geht hier einkaufen – weniger betuchte Modefans spähen wenigstens in die Schaufenster.

Zwischenstopp: Cafés

Beim Besuch des eleganten **Caffè Ciampini** 19 €€ [D5] gegenüber der Französischen Akademie Villa Medici genießt man zur Aussicht ❗ leckerste Eisspezialitäten.
- Piazza Trinità dei Monti | 00187 Roma
  Tel. +39 0 66 78 56 78
  www.caffeciampini.com
  auch Restaurantbetrieb, Mi geschl.

Zwei Engländerinnen gründeten 1893 **Babington's Tea Room** 20 €–€€ [D6]. In nostalgischem Ambiente kann man unter mehr als 100 Teesorten wählen. Links von der Spanischen Treppe.

- Piazza di Spagna 23 | 00187 Roma
  www.babingtons.net, tgl. 9–20 Uhr

Im **Caffè Greco** 21 €–€€ [D6] saß Goethe inkognito als Filippo Miller.
- Via Condotti 86 | 00187 Roma
  Tel. +39 0 66 79 17 00
  www.anticocaffegreco.eu

Trevibrunnen 56 ⭐ [D6]

Die Fontana di Trevi ist der populärste Brunnen der Stadt. Nach Plänen Berninis begonnen, spiegelt er den Siegeszug von Barock und Rokoko. Nicolò Salvi verwirklichte 1732–1751 die Kulissenlandschaft: Sie stellt einen Triumphbogen dar, vier korinthische Säulen tragen den Fries und Statuen von vier Tugenden. Tritonen geleiten Neptuns Muschelwagen. ❗ Im nächtlichen Scheinwerferlicht wird er zur Traumkulisse.

SEITENBLICK

Münzwurf in den Trevibrunnen

Populär wurde der Brauch durch den US-amerikanische Film »Three Coins in the Fountain« (1954). **50 Dinge** ⑤ › S. 12. Es heißt, wenn man eine Münze mit der linken Hand über die rechte Schulter nach hinten in den Brunnen wirft, kehrt man eines Tages nach Rom zurück. Bei zwei Münzen verliebt man sich in einen Römer oder eine Römerin, drei Münzen führen zur Heirat mit der entsprechenden Person. Das Geld – jährlich etwa 1 Mio. Euro! – wird im Auftrag der Stadt Rom aus dem Wasser gefischt und gespendet.

97

ZWISCHEN MONTE PINCIO & MONTE CELIO

Kleine Inspiration

- **Kirche Santa Prassede:** Die byzantinischen Mosaiken in andächtiger Ruhe betrachten. › S. 109
- **Nuovo Mercato Esquilino:** In die bunte Welt der Waren und Kulturen eintauchen. › S. 112
- **San Lorenzo:** Eine Entdeckungstour durch das Studentenviertel unternehmen. › S. 112

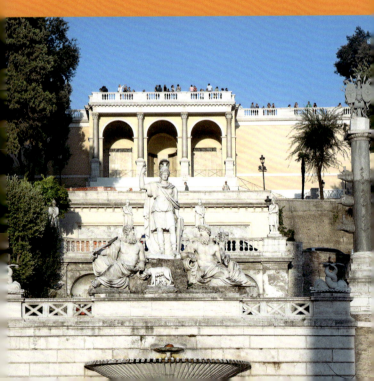

Karte
S. 102

Tour 6–9   **Zwischen Pincio und Celio**

Hochkarätige Museen und zahlreiche Kirchen von Weltrang stellen Kunstliebhaber vor die Qual der Wahl. Entspannung findet man in der grünen Oase der Stadt, dem Park der Villa Borghese.

Zwischen dem Monte Pincio im Norden und dem Monte Celio im Süden erheben sich Quirinal und Esquilin. Östlich schiebt sich der Hauptbahnhof Stazione Termini in die römische Innenstadt. Ganz in der Nähe, an der Piazza Repubblica, wartet das Museo Nazionale Romano in den Diokletiansthermen und im Palazzo Massimo mit hochkarätigen antiken Kunstwerken auf. Anschließend kann man beim italienischen Staatspräsidenten auf dem Quirinal vorbeischauen.

Nördlich von hier führt die Via Veneto mit ihren prunkvollen Fassaden in die grüne Oase Roms, die Villa Borghese, ein beliebtes Familien-Ausflugsziel mit zahlreichen bedeutenden Museen.

Ganz im Zeichen der frühchristlichen Kirchen steht die Tour über den Esquilin, einen der früh besiedelten sieben Hügel Roms östlich vom Palatin. Das Multi-Kulti-Treiben um die Piazza Vittorio Emanuele II schafft einen angenehmen Kontrast zur Stille der Gotteshäuser.

Die Kirchentour schlechthin führt weiter südlich vom Colle Oppio auf den Celio, dazwischen ermöglichen aber die Domus Aurea oder das Mithras-Heiligtum unter San Clemente interessante Blicke in die Antike. Besonderer Anziehungspunkt ist der Lateran, der wie der Vatikan aus mehreren Gebäuden besteht, darunter die Lateranbasilika, Roms bedeutendste Kirche und Bischofskirche der Päpste, die hier vom 4. Jh. bis 1309 residierten.

»La Dolce Vita« kann ziemlich teuer werden in den Bars und Restaurants an der Via Veneto. Eher für einen Snack geeignet sind die Museumscafés im Palazzo de Belli Arti und der Galleria Borghese. Bei großem Appetit empfehlen sich die Trattorien um den Lateran.

Viele Kirchen bleiben in der Mittagszeit, die meisten Museen montags GESCHLOSSEN. Sie müssen Tickets vorab reservieren für: Galleria Borghese (4–5 Tage, › S. 103).

Oben: Im Studentenviertel San Lorenzo gehen die jungen Römer aus
Links: Die Treppen von der Piazza del Popolo auf den Monte Pincio

Touren zwischen Pincio und Celio

 Rund um den Quirinal (Tour 6)

> **Verlauf: Piazza della Repubblica › Museo Nazionale Romano › Piazza del Quirinale**
>
> Karte: Seite 102
> Dauer: 3 Stunden, mit Museumsbesuchen länger
> Praktische Hinweise:
> - Die Piazza della Repubblica erreicht man per Metro A, die Piazza del Quirinale per Bus Nr. 60, 64, 70, 175.
> - Der Palazzo del Quirinale ist nur So vormittags offen (8.30–12 Uhr), das Museo Nazionale Romano (Diokletiansthermen/Palazzo Massimo) Mo geschl.

Tour-Start: Piazza della Repubblica 1 [E6]

Das Kreisrund dieser Piazza mit ihrer neoklassizistischen Architektur beschreibt exakt die gewaltigen Ausmaße der Exedra der antiken **Thermen des Diokletian** (305 n. Chr.) nach. Noch heute wird diese Freifläche unter Römern Piazza dell'Esedra genannt. Ursprünglich bedeckten die Thermen sogar ein Areal bis hin zur Kirche **San Bernardo** (Ecke Via Torino/Piazza di San Bernardo); weitläufige Stadtgärten schlossen sich in der Antike an. Auf der Piazza plätschert seit 1885 die hübsche **Fontana delle Naiadi**.

Santa Maria degli Angeli 2

Die Thermenanlage wurde als Steinbruch im Mittelalter weitgehend zerstört. Die im Abschnitt des antiken Tepidariums (Halle für lauwarme Bäder) am besten erhaltenen Gewölbe bezog der betagte Michelangelo in den Entwurf für die Kirche Santa Maria degli Angeli ein. Nachdem Papst Pius IV. den Kartäusermönchen 1561 das Gebäude übertragen hatte, bauten sie hier ein Kloster. Innen beeindrucken die **Statue des Ordensgründers Bruno von Köln** (1030–1101) und der 1702 in den Fußboden des 91 m langen Querschiffs eingelassene Messingstreifen der **Linea Clementina**. Sie zeigt Roms Meridian an.

Museo Nazionale Romano ⭐

Das **Thermenmuseum** 3, seit 1889 in den Diokletiansthermen untergebracht, präsentiert hauptsächlich antike Inschriften (Via E. de Nicola 79, 00185 Roma, Di–So 9–19.45 Uhr).

Zum Thermenmuseum gehört auch die von der Via Romita aus zugängliche **Aula Ottagona**, ein antikes Frigidarium. Unter dem weiten Kuppelrund vermitteln Marmor- und Bronzeskulpturen einen Eindruck von der einst prächtigen Ausstattung römischer Bäder.

Der **Palazzo Massimo** 4 schräg gegenüber zeigt eine herausragende Kollektion griechischer und römischer Skulpturen sowie im Keller die Münzschätze Italiens. Im zweiten

Tour 6: Rund um den Quirinal

Zwischen Pincio und Celio

Karte S. 102

Der Najadenbrunnen an der Piazza della Repubblica

Stock bestaunt man fantastische Sammlungen erhaltener römischer Fresken und Mosaiken (Zugang Largo Villa Peretti, 00185 Roma, Di–So 9–19.45 Uhr; Kasse bis 18.45 Uhr).

Das Thermenmuseum, der Palazzo Massimo, der Palazzo Altemps › S. 86 **und Crypta Balbi** › S. 89 bilden zusammen das MUSEO NAZIONALE ROMANO. Alle Zweigstellen sind mit einem drei Tage gültigen SAMMELTICKET zu besichtigen, 7 € (Tel. +39 06 39 96 77 00, http://archeoroma.beniculturali.it; 7 €, bei Sonderausstellungen 10 €).

S. Maria della Vittoria 5 [E6]
Die im 17. Jh. von Carlo Maderno errichtete Kirche Santa Maria della Vittoria besticht durch Berninis sinnliche **Verzückung der hl. Theresa von Avila** in der Cappella Cornaro (Via 20 Settembre 17, 00187 Roma).

Auf dem Quirinalshügel

An der Kreuzung Via XX Settembre und Via delle Quattro Fontane ermöglicht die barocke Straßenplanung bis heute den einzigartigen Blick auf gleich drei Obelisken. Die Ecken der Kreuzung schmücken vier Brunnen.

San Carlo alle Quattro Fontane 6 und Sant' Andrea al Quirinale 7 [E6]

Links taucht **San Carlo alle Quattro Fontane** mit ovaler Kuppel und Doppellaterne auf. Das Meisterwerk Francesco Borrominis, dem eine Passion für Wellenlinien nachgesagt wird, kommt ohne rechten Winkel aus. 1667 wurde die Kirche nach 30-jähriger Bauzeit fertiggestellt (Via del Quirinale 23, 00187 Roma, tgl. 10–13, 15–18, Sa 10–13, So 12–13 Uhr). Wenige Schritte entfernt hatte 1658 Borrominis Wider-

**Zwischen
Pincio und Celio** Tour 6: Rund um den Quirinal Karte
S. 102

sacher Bernini begonnen, ihm Paroli zu bieten. Borromini erwies sich zwar als der genialere Baumeister, doch blieb er ewiger Zweiter, da Bernini für die Realisierung von **Sant'Andrea al Quirinale** üppige Zuwendungen des Jesuitenordens erhielt. Bemerkenswert ist der ovale Grundriss der beliebten Hochzeitskirche, der sich in der halbkreisförmigen Freitreppe wiederholt (tgl. 9–12, 16–19 Uhr).

Piazza del Quirinale [D6]

Mit 61 m ist der Quirinal der höchste der sieben Hügel Roms. Der Blick

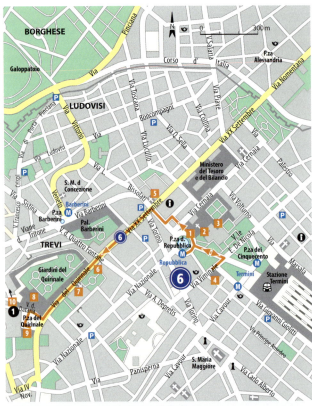

Touren zwischen Pincio und Celio

Tour 6

Rund um den Quirinal

1 Piazza della Repubblica
2 S. Maria degli Angeli
3 Thermenmuseum
4 Palazzo Massimo
5 S. Maria della Vittoria
6 San Carlo alle Quattro Fontane
7 Sant'Andrea al Quirinale
8 Palazzo del Quirinale
9 Scuderie
10 Museo delle Paste Alimentari

Karte S. 104
Tour 7: In der Villa Borghese

Zwischen Pincio und Celio

reicht über die Dächer der Ewigen Stadt bis zum Petersdom. Um 15.15 Uhr (So 15.30, im Sommer 18 Uhr) findet vor dem prächtigen **Palazzo del Quirinale** 8, dem Sitz des Staatspräsidenten, mit der Wachablösung der Ehrengarde eine militärische Inszenierung statt. Fontana, Bernini, Maderno und andere waren an der Gestaltung des Spätrenaissance-Palazzo beteiligt. 1574 als Sommerresidenz der Päpste konzipiert, diente der Palast ab 1870 den italienischen Königen. Innen locken die Mosaiken aus der Villa Adriana und der Spiegelsaal (So 8.30–12 Uhr).

Vis-á-vis, in den einstigen Pferdestallungen, **Scuderie** 9, finden immer wieder sehenswerte Ausstellungen zu unterschiedlichen Themen statt (Via XXIV Maggio 16, 00184 Roma, So–Do 10–20, Fr/Sa 10–22.30 Uhr, www.scuderiequirinale.it, Tel. +39 06 39 96 75 00).

Museo delle Paste Alimentari 10 [C4]

Ein kulinarischer Abstecher führt hügelabwärts über die Via della Dataria zum kuriosen Museo delle Paste Alimentari, das umfassend über das italienische Nationalgericht informiert (Vicolo Scanderbeg 117, 00187 Roma, www.museodellapasta.it, zzt. wegen Renovierung geschl.).

Zwischenstopp: Restaurant

❗ Köstliches Gelato können Sie bei **San Crispino** 1 [D6] genießen.
- Via della Panetteria 42 | 00187 Roma
  Tel. +39 0 66 79 39 24
  www.ilgelatosancrispino.it
  tgl. 12–0.30 Uhr

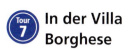

In der Villa Borghese

Verlauf: Piazza Barberini › Villa Borghese › Galleria Nazionale d'Arte Moderna › Etruskisches Nationalmuseum

Karte: Seite 104
Dauer: 4–5 Stunden
Praktische Hinweise:
- Die Piazza Barberini ist an das Metronetz (Linie A), das Etruskische Nationalmuseum in der Villa Giulia an das Straßenbahnnetz (19, Endstation der Linie 3) angeschlossen.
- Die Museen sind Mo geschl.
- Tickets für die Galleria Borghese müssen 4–5 Tage vorab reserviert werden, Tel. +39 0 63 28 10, www.galleriaborghese.it.

Tour-Start:
Piazza Barberini 11 [D/E6]

Als glänzendes Beispiel für den römischen Hochbarock entstand der **Palazzo Barberini** 1625–1633 nach Plänen Madernos unter der Mitwirkung von Borromini (ungewöhnliche ovale Wendeltreppe) und Bernini (Fassade). Heute beherbergt er einen Teil der **Galleria Nazionale dell'Arte Antica** mit Werken bekannter Künstler, u.a. Raffael (Porträt seiner geliebten Bäckerstochter, bekannt als »La Fornarina«), Hans Holbein, Filippo Lippi, Caravaggio und Pietro da Cortona (Zugang am schönsten über die Via delle Quattro Fontane 13, 00184 Roma, Tel. +39 0 63 28 10, www.

103

galleriaborghese.it; Di–So 8.30–19, Kasse schließt um 18 Uhr).

In der ! Mitte der Piazza erhebt sich Berninis **Tritonenbrunnen** (1632 bis 1637), wobei der Triton aus einer Muschel einen Wasserstrahl emporbläst. Der **Bienenbrunnen** (ebenfalls Bernini, 1644) an der Einmündung zur Via Veneto erinnert an Papst Urban VIII., der hier die Biene, das Familienwappen der Barberini, verewigen ließ.

Via Vittorio Veneto [E5/6]

Auf der Via Veneto flaniert man nach einer umfassenden Sanierung heute wieder elegant unter Platanen und Palmen, vorbei an namhaften Designerläden, Banken, Luxusherbergen und -restaurants.

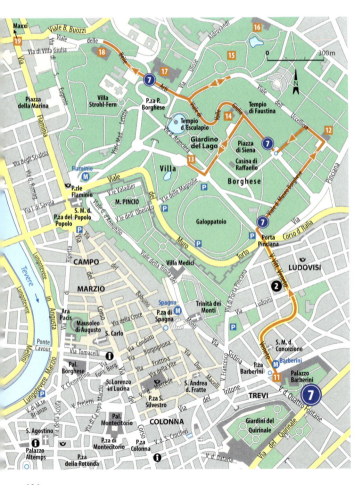

Karte S. 104

Tour 7: In der Villa Borghese

Zwischen Pincio und Celio

Nichts für Empfindliche ist die **Kapuzinergruft** (Museo e Cripta dei Cappuccini) neben der Kirche Santa Maria della Concezione: Sie birgt die Gebeine von mehr als 4000 Mönchen. Die gesamte Dekoration, sogar die Rosetten an den Wänden in der Krypta sind aus einzelnen Knöchelchen geformt (Via Veneto 27, 00187 Roma, tgl. 9–19 Uhr). **50 Dinge** 26 › S. 15.

Zwischenstopp: Restaurant
Harry's Bar 2 €€€ [E5]
Elegante Bar.
• Via Vittorio Veneto 150 | 00187 Roma
www.harrysbar.it | So geschl.

Im Park der Villa Borghese

Villa Borghese [D/E 4/5]

Durch die Porta Pinciana in der Aurelianischen Stadtmauer betritt man die große grüne Oase der Villa Borghese und ihrem weitläufigen Park. Die hier beheimateten Museen versprechen großartige Kunsterlebnisse. Bootsfahrten, **50 Dinge** 3 › S. 12, Ponyreiten und ein Fahrradverleih an der Piazza di Siena sorgen für Abwechslung. Erst 1901 ging die schönste Grünfläche Roms (5 km²) vom Königshaus in Stadtbesitz über. Kardinal Scipione Borghese hatte bereits Anfang des 17. Jhs. »wohlgekleideten« Stadtbewohnern den Zugang zu seinem Privatbesitz erlaubt. Park und Museen werden im Zuge der Umgestaltung zum Parco dei Musei sukzessive restauriert.

Tour zwischen Pincio und Celio

Tour 7

In der Villa Borghese

11 Piazza Barberini
12 Galleria Borghese
13 Museo Carlo Bilotti
14 Museo Canonica
15 Zoologischer Garten
16 Museum für Zoologie
17 Galleria Nazionale d'Arte Moderna
18 Etruskisches Nationalmuseum/Villa Giulia
19 Museo Nazionale delle Arti del XXI Secolo (Maxxi)

Galleria Borghese 12 ⭐ [E4]

Obgleich die Adelsfamilie Borghese etliche ihrer Kunstwerke an Napoleon verkaufte, ist das Museum noch immer eine der bedeutendsten Privatsammlungen Italiens. Gleich im ersten Saal fesselt ein ❗ Fußbodenmosaik mit Gladiatoren und wilden Tieren den Blick. Schwerpunkt im Erdgeschoss des ehemaligen Casino sind Barockskulpturen Berninis. Hier geben auch schon einige Frühwerke Caravaggios einen Vorgeschmack auf die berühmte **Pinako-**

105

thek im ersten Stock. Raffaels **Grablegung Christi** und sein **Männerbildnis** gehören ebenso zu den Höhepunkten wie die Bilder Antonello da Messinas, Giovanni Bellinis, Rubens' Version der Grablegung und Tizians **Himmlische und irdische Liebe**. Canovas skandalumwitterte marmorne **Liegende Venus** zeigt Paolina Borghese, die schöne Schwester Napoleons und unglückliche Gattin Camillo Borgheses, deren Eskapaden das aristokratische Rom zu Beginn des 19. Jhs. in Atem hielten (Piazzale del Museo Borghese 5, 00197 Roma, Tel. +39 06 84 13 97, Di–So 8.30–19.30, Einlass bis 18.30 Uhr, Tickets › S. 103, 11 €; bei Sonderausstellungen höherer Eintritt).

Museo Carlo Bilotti 13 [D4]
In der ehemaligen Orangerie überrascht das **Museo Carlo Bilotti** mit hochkarätigen De-Chirico-Gemälden, die der amerikanische Sammler Bilotti der Stadt vermachte (Viale Fiorello La Guardia, 00197 Roma, www.museocarlobilotti.it, Juni–Sept. Di bis Fr 13–19, Sa/so 10–19, Okt.– Mai Di–Fr 10–16, Sa/So 10–19 Uhr).

Auf halbem Weg dorthin lohnt mit Kindern ein Besuch des Spiel- und Literaturhauses **Casina di Raffaello** (3–10 J., Piazza di Siena, 00197 Roma, nur mit Reserv., Tel. +39 06 06 08, www.casinadiraffaello.it; Di– Fr 9 bis 18, Sa/So 10–19 Uhr).

Museo Canonica 14 [D5]
Das Museo Canonica zeigt eine Werkschau des Bildhauers Pietro Canonica (1869–1959) und Wechselausstellungen (Viale Pietro Canonica 2, 00197 Roma, www.museocanonica.it; Juni–Sept. Di–So 13 bis 19, sonst Di–So 10–16 Uhr).

Anrührendes etruskisches Kunstwerk: der Sarkophag eines Ehepaares

Karte S. 104 — Tour 7: In der Villa Borghese — Zwischen Pincio und Celio

Zoologischer Garten 15 und Museum für Zoologie 16 [D/E4]

Besonders Kinder lieben den sog. **Bioparco** am Nordrand des ausgedehnten Parkgeländes (Viale del Giardino Zoologico 1, 00197 Roma, Tel. +39 0 63 60 82 11, www.bioparco.it; April–Mitte Okt. 9.30–18, sonst bis 17 Uhr). Bei schlechtem Wetter lockt das **Museum für Zoologie** mit Saurierskeletten und ausgestopften Tieren (Museo Civico di Zoologia, Via Ulisse Aldovrandi 18, 00197 Roma, Di–So 9–17 Uhr).

Galleria Nazionale d'Arte Moderna 17 [D4]

Von der protzigen Fassade des Palazzo delle Belle Arti (1911) sollte man sich nicht abschrecken lassen. Die Nationalgalerie für moderne Kunst zeigt Werke italienischer Künstler aus dem 19./20. Jh. und gilt vor allem wegen ihrer **Futuristensammlung** und der Vollständigkeit der Kollektion als Topadresse. Im Museumscafé und -restaurant **Caffè delle Arti** kann man beim Espresso Mosaiken des italienischen Pavillons der Weltausstellung 1900 in Paris bewundern (€–€€). Die gut sortierte **Buchhandlung** der Galleria bietet auch geschmackvolle Kunstartikel (Via Belle Arti 131, 00197 Roma, Tel. +39 06 32 29 82 21, www.gnam.beniculturali.it; Di–So 8.30–19.30 Uhr, 12 €).

Etruskisches Nationalmuseum 18 [C/D4]

Das Etruskische Nationalmuseum (Museo Nazionale Etrusco) in der Villa Giulia liegt an der Nordwestecke des Parks der Villa Borghese. Die als päpstliche Sommerresidenz 1550 bis 1555 erbaute Villa dokumentiert die weltlichen Herrschaftsansprüche des Papsttums. Zu den Architekten zählten Vasari, Vignola und Bartolomeo Ammannati.

Die Museumstrakte wurden mit Millionenaufwand restauriert. Unter den vielen großartigen Exponaten der bedeutendsten Sammlung etruskischer Kunst ragen der **Sarkophag eines liegenden Ehepaares** (Saal 8), der **Apoll von Veji** (Saal 6), die **Goldreliefs aus Pyrgi** mit Inschrift, die so genannte **Ficoronische Ciste**, eine Art antikes Beautycase, und ein kompletter **etruskischer Kampfwagen** heraus. Unbedingt sehenswert ist auch die **Sammlung Castellani** mit griechischen Vasen und Schmuck. Im Garten steht die Replik eines etruskischen Tempels (Piazza di Villa Giulia 9, 00196 Roma, Tel. +39 0 63 22 65 71, www.villagiulia.beniculturali.it; Di–So 8.30–19.30, Kasse bis 18.30 Uhr).

Museo Nazionale delle Arti del XXI Secolo (Maxxi) 19 ⭐ [D4]

Als architektonisches Glanzlicht gilt der spektakuläre Bau des Museo Nazionale delle Arti del XXI Secolo (Maxxi) von Zaha Hadid nördlich des Zentrums. Das 2010 eröffnete Haus bietet viel Platz für zeitgenössische Kunst und Architektur. (Via Guido Reni 4a, 00196 Roma, Di–Fr, So 11–19, Sa 11–22 Uhr, Einlass bis 18/21 Uhr, www.fondazionemaxxi.it, Bus 53, 217). **50 Dinge** 29 › S. 15.

Stille Kirchen, lebendiger Esquilin

Verlauf: S. Maria Maggiore › S. Prassede › Piazza Vittorio Emanuele II › S. Croce in Gerusalemme › S. Lorenzo fuori le Mura

Karte: Seite 110
Dauer: 4–5 Stunden
Praktische Hinweise:
- Santa Maria Maggiore erreicht man mit den Straßenbahnen 5 und 14, die Ⓜ Station Termini (A und B) ist nur knapp 300 m entfernt. San Lorenzo fuori le Mura liegt an den Straßenbahnlinien 3 und 19.
- Eine kleine inoffizielle Stadtrundfahrt ermöglicht die Straßenbahnlinie 3 (ab Porta Maggiore). Sie führt vorbei am Kolosseum, an den Kirchen San Giovanni in Laterano, Santa Croce in Gerusalemme, San Lorenzo fuori le Mura und weiter durch das Parioli-Stadtviertel zur Galleria Nazionale d'Arte Moderna. Die Fahrt kann jederzeit innerhalb der Geltungsdauer des Fahrscheins (75 Minuten) unterbrochen werden.

Tour-Start: Santa Maria Maggiore 20 ⭐ [E7]

Die Kuppeln der populärsten der vier römischen Patriarchalkirchen sind weithin sichtbar (Pzza S. Maria Maggiore 42, 00100 Roma, tgl. 7–19 Uhr). Die **Mariensäule** auf dem Platz vor der Kirche besteht aus der letzten erhaltenen Säule der antiken Maxentiusbasilika. Der 1377 errichtete **Glockenturm** gilt als höchster der Stadt. Die Gründung von S. M. Maggiore geht, so sagt es die fromme Legende, auf ein Schneewunder zurück. In der Nacht auf den 5. August 352 erschien im Traum Papst Liberius und einem christlichen Patrizier die Gottesmutter. Ihnen wurde im Schlaf geheißen, an der Stelle, an der am Morgen Schnee läge, eine Kirche zu errichten › **S. 58**.

Besucher sollten der steinernen Mahnung »Silentium« (Schweigen) über dem Portal Beachtung schenken: Die Stille im Gotteshaus macht einen Gutteil der einzigartigen Atmosphäre aus. Während die Außenfassaden vom 16.–18. Jh. einschneidende Veränderungen erfuhren, beeindrucken im Inneren die authentischen Apsis- und die 36 über dem Architrav angebrachten ❗ Originalmosaiken aus dem 5. Jh. Die **Kassettendecke** ist Papst Alexander VI. Borgia (1492–1503) zu verdanken. Er ließ sie mit dem ersten Gold, das aus der Neuen Welt ankam, überziehen. Das Zentrum römischer Volksfrömmigkeit bilden die in der **Confessio** aufbewahrten Teile der Krippe Jesu. Um Weihnachten ist der Besuch der Kirche für römische Familien ein Muss. Das **Apsismosaik** aus dem späten 13. Jh. zeigt Stationen im Leben der Madonna. Auf einem Thron sitzend, wird sie von Jesus zur Königin des Himmels gekrönt. Die sehenswerte **Cappella Sistina** im rechten Querarm mit dem Grabmal von Papst Sixtus V. ist eine Arbeit von Domenico Fontana. Im linken Seitenarm wurde 1611 mit der **Cappel-**

Karte S. 110   Tour 8: Stille Kirchen, der Esquilin   **Zwischen Pincio und Celio**

Die prachtvolle Cappella Paolina von Santa Maria Maggiore

la Paolina der Gegenpart für Papst Paul V. realisiert. Große Verehrung genießt das Gnadenbild »Maria Salus Populi Romani« (»Maria, Heil des Römischen Volkes«), im 13. Jh. im orientalisierenden Stil entstanden. Die **Cappella Sforziana** entwarf Michelangelo.

Santa Pudenziana 21 und Santa Prassede 22
⭐ [E7]

Oft übersehen, verdienen die den Senatorentöchtern Pudentiana und Praxedis geweihten Schwesterkirchen vor allem wegen ihres Mosaikschmuckes Beachtung. Diese Kleinodien der römisch-byzantinischen Kirchenbaukunst gehen bis auf das 4. Jh. zurück.

Während **Santa Pudenziana al Viminale** (Via Urbana 160, 00184 Roma; 8.30–12, 15–18 Uhr) auf den Gemäuern des Palastes von jenem spätantiken Senator Pudens steht, der den Apostel Paulus beherbergt haben soll (die Apsismosaiken aus dem 4. Jh. gehören zu den ältesten Roms), besitzt **Santa Prassede** (Via Prassede, 00184 Roma; 7.30–12, 16–18.30 Uhr) mit der **Cappella San Zenone** den Höhepunkt byzantinischer Mosaikkunst in Rom. In einer weiteren, der als »Paradiesgärtlein« bekannten Kapelle wird seit dem Kreuzzug von 1222/23 die Flagellantensäule als Reliquie aufbewahrt. Der Legende nach diente dieser Säulenstumpf als Ort der Geißelung Christi. Die Mosaikarbeiten in der für seine Mutter Theodora konzipierten Grabkapelle gab Papst Paschalis I. 822 in Auftrag. Theodora ist auf den Mosaiken neben Pudenziana und Praxedis leicht zu identifizieren: Sie trägt einen quadratischen blauen Heiligenschein, mit dem damals lebende

109

Karte
S. 110

Zwischen
Tour 8 | 9 **Pincio und Celio**

getaufte Personen gekennzeichnet wurden. Der kreisrunde goldglänzende Nimbus war verstorbenen Märtyrern und Heiligen vorbehalten, der Kreuznimbus Christus. So ist diese »Quadratur des Kreises« ein Sinnbild der Verehrung des Papstes für seine Mutter, da er sie gern noch zu Lebzeiten heiliggesprochen hätte. Im zentralen Apsismosaik wird Paschalis I. selber mit diesem Nimbus ausgezeichnet.

Zwischenstopp: Restaurant
Trattoria Monti ❸ €€–€€€ [F7]
Die Spezialitäten verraten die Herkunft der Besitzer aus den Marken.
• Via di San Vito 13 a | 00185 Roma

Touren zwischen Pincio und Celio

Tour ⑧
Stille Kirchen, lebendiger Esquilin

20 Santa Maria Maggiore
21 Santa Pudenziana
22 Santa Prassede
23 Piazza Vittorio Emanuele II
24 Nuovo Mercato Esquilino
25 Santa Croce in Gerusalemme
26 San Lorenzo fuori le Mura

Tour ⑨
Vom Colle Oppio auf den Celio

27 San Pietro in Vincoli
28 Domus Aurea
29 San Clemente
30 SS. Quattro Coronati
31 Scala Santa
32 Triclinium Leonianum
33 San Giovanni in Laterano
34 Lateranpalast
35 Baptisterium S. Giovanni in Fonte
36 Santo Stefano Rotondo
37 Santa Maria in Domnica
38 SS. Giovanni e Paolo
39 San Gregorio Magno

111

Tel. +39 06 44 66 5 73
So Abend und Mo geschl.

Piazza Vittorio
Emanuele II 23 [F7]

Nach der Ruhe der Kirchen bietet das quirlige Alltagstreiben in dem von Gründerzeitarchitektur geprägten Stadtviertel um die Piazza Vittorio Emanuele II einen angenehmen Kontrast. Zwischen all den fliegenden Händlern, chinesischen Bekleidungsgeschäften und orientalischen Fastfood-Läden tobt das Leben. Nach umfangreicher Restaurierung dient der zentrale Park heute Schulkindern und Touristen, Rentnern und Hausfrauen zum Ausruhen oder Schlendern, kurz den Römern. In einer Ecke steht noch immer die »Porta Magica« mit ihrer rätselhaften lateinischen Inschrift, die man lange Zeit für eine geheime Formel zum Goldmachen hielt, aber nicht entschlüsseln konnte.

Nuovo Mercato
Esquilino 24 [F7]

Auf dem !️ multikulturellen Markt in der ehemaligen Kaserne Pepe findet man Lebensmittel, Lederwaren und Kleidung (Via Turati/Via Principe Amedeo 184, 00185 Roma, Mo/Mi/Do 5–15, Di/Fr/Sa 5–17 Uhr).

Zwischenstopp: Café

Caffè Ciamei 4 € [F7]
Der Espresso schmeckt genauso köstlich wie die selbst kreierte Bohnenmischung, die man für zu Hause erstehen kann.
• Via Emanuele Filiberto 57
00185 Roma | Tel +39 06 70 49 52 30
www.ciameicafferoma.eu

Santa Croce in
Gerusalemme 25

Die Titularkirche wurde bereits im 4. Jh. von Kaiser Konstantin für die Kreuzesreliquien erbaut, die seine Mutter, die hl. Helena, mit nach Rom gebracht hatte. Leider wurde der Sakralbau Mitte des 18. Jhs. stark verändert und empfängt heute mit einer ausschweifenden Barockfassade. Die Reliquien werden in einer Kapelle im linken Seitenschiff verwahrt (Piazza di Santa Croce in Gerusalemme, 00141 Roma, www.santacroceroma.it; tgl. 7–12.45, 15.30 bis 19.30 Uhr). Das **Musikinstrumentenmuseum** an der Piazza ist für Kinder reizvoll (Nr. 9 a, 00185 Roma, zzt. geschl.).

San Lorenzo fuori
le Mura 26

Im 4. Jh. von Kaiser Konstantin gestiftet, wurde die Basilika »vor den Mauern« im 13. Jh. um das heutige Langhaus erweitert (Piazza del Verano, 00185 Roma; Sommer tgl. 7.30 bis 12.30, 16–20, Winter tgl. 7.30 bis 12.30, 15.30–19 Uhr). Christus erscheint auf dem Triumphbogenmosaik (6. Jh.) als Weltenherrscher. Eindrucksvoll ist der Kreuzgang des 12. Jhs. An die Kirche, eine der sieben römischen Pilgerkirchen, grenzt der große Friedhof **Campo Verano**, auf dem neben der Literaturnobelpreisträgerin Grazia Deledda auch der Schauspieler Marcello Mastroianni bestattet liegt (April–Sept. tgl. 7.30–18, sonst 7.30–17 Uhr).

Anschließend lohnt ein Bummel durch das muntere Studentenviertel San Lorenzo mit etlichen Bars und Restaurants.

Karte S. 110 — Tour 9: Vom Colle Oppio auf den Celio — **Zwischen Pincio und Celio**

Vom Colle Oppio auf den Celio

Verlauf: San Pietro in Vincoli › Colle Oppio › San Clemente › San Giovanni in Laterano › Santo Stefano Rotondo › Villa Celimontana › San Gregorio Magno

Karte: Seite 110
Dauer: 4–5 Stunden
Praktische Hinweise:
- Anfangs- und Endpunkt der Tour lassen sich mit Metro B Ⓜ Cavour bzw. Ⓜ Circo Massimo erreichen.
- Die Domus Aurea ist bis auf Weiteres geschlossen!

Tour-Start: San Pietro in Vincoli 27 ⭐ [E7]

Den Namen »St. Peter in Ketten« verdankt die Kirche den Ketten in der Confessio, die an die zweifache Einkerkerung des Apostels Petrus (in Rom und Jerusalem) erinnern. Kunsthistorischer Höhepunkt ist Michelangelos **Moses**. Die Statue war als Mittelpunkt für das Grabmal Julius' II. gedacht. Michelangelo, der die Querelen um das Entstehen dieses alle Dimensionen sprengenden Grabmals für Julius als »Tragödie seines Lebens« bezeichnete, soll höchstselbst für die Schramme auf dem rechten Knie der Statue verantwortlich sein: Es heißt, in einem Wutanfall habe der Künstler das fast fertige Werk mit den Worten »Warum redest Du nicht?« angeschrien und mit dem Hammer traktiert.

50 Dinge 28 › S. 15. In der Sakristei begeistert Domenichinos **Befreiung Sankt Peters** (Piazza di San Pietro in Vincoli 4/a, 00184 Roma).

Colle Oppio ⭐ [E7]

Auf dem Colle Oppio ließ Kaiser Nero seine wegen der vergoldeten Säulen **Domus Aurea** 28 genannte Palaststadt errichten. Um sich den einstigen Prunk, die Säle, die marmorverkleideten Wände und den Skulpturenschmuck vorzustellen, muss man viel Fantasie mitbringen. Kaiser Trajan ließ den Bau im Jahr 104 n. Chr. schleifen, um Platz für die Thermen zu schaffen, die dann über dem Goldenen Haus errichtet wurden. Raffael und Michelangelo sollen bei den damals aufsehenerregenden Ausgrabungen zugegen gewesen sein, bei denen u.a. auch die schon in der Antike legendäre Laokoon-Gruppe geborgen wurde › S. 69.

Der Moses in San Pietro in Vincoli

113

In den unterirdischen Gängen der Thermen, den sogenannten **Grotte**, fand Raffael zahllose antike Malereien, die ihn zur Etablierung einer Maltechnik in der Manier der »Grotesken« anregten. Einige Räume mit besonders wertvollen Malereien werden bei Führungen gezeigt. Eine Besichtigung ist jedoch zurzeit wegen Restaurierungsarbeiten nicht möglich (Eingang: Viale della Domus Aurea 1, 00184 Roma).

San Clemente [E8]

San Clemente bietet auf engstem Raum eine Zeitreise zurück ins 1. Jh. n. Chr. Zuunterst liegt das Mithras-Heiligtum der Antike, darüber baute man 385 eine Basilika, die 1084 beim Normannensturm zerstört wurde; auf ihre Ruinen kam im 12. Jh. die heutige Kirche.

Im Hauptschiff der Oberkirche greift das ❗ grandiose Apsismosaik aus der ersten Hälfte des 12. Jhs. das Thema des Lebensbaums auf (spiralförmig abzweigende Ranken und Blattwerk). Der Bischofsstuhl, von dem aus der Titularherr der Kirche einst ex cathedra die Bibel auslegte, stammt wie der Hochaltar (Ziborium) und die **Schola Cantorum** aus dem 12. Jh. (z.T. Mitte des 6. Jhs.).

Auch der Kreuzgang besitzt elegante Fußbodenmosaiken der Cosmaten › **S. 117**. Das Kirchendach datiert ins 18. Jh. Von den Seitenkapellen sind die Rosenkranzkapelle, die Kapelle des hl. Cyrill und die **Katharinenkapelle** beachtenswert. Die Fresken werden dem Genie der Frührenaissance, Masolino da Panicale (1383–1440), zugeschrieben. Sie zeigen u.a. den rhetorischen Wettstreit über den christlichen Glauben zwischen der hl. Katharina und 50 heidnischen Philosophen.

Hinter dem rechten Seitenschiff steigt man zu den Resten der Basilika aus dem 4. Jh. hinunter. Am Eingang zur Unterkirche steht eine Gipskopie des **Mithrasaltars** aus dem sich anschließenden Mithräum. Er zeigt Mithras, den aus dem Fels geborenen Sohn Apolls, bei der Tötung des Stiers. Eine weitere Treppe führt hinab in den ältesten Teil des Komplexes, das **Mithrasheiligtum** › unten. Es wurde im 19. Jh. zusammen mit antiken öffentlichen Bauten und *Insulae* (mehrstöckigen Mietshäusern) aus der Zeit Neros sowie dem Wohnhaus des Kirchennamenspatrons Clemente ausgegraben (Via di San Giovanni in Laterano, 00184 Roma, www.basilicasan

SEITENBLICK

Mithraskult

Der aus Persien stammende Mithraskult breitete sich fast zeitgleich mit dem Christentum südlich, später auch nördlich der Alpen aus. Er fand besonders im römischen Heer zahlreiche Anhänger. Der Mithraismus weist in einigen Elementen durchaus Ähnlichkeit mit der christlichen Lehre auf. Erst 391, als das Christentum unter Kaiser Theodosius I. zur Staatsreligion aufstieg, wurde der Mithras-Kult bei Todesstrafe verboten.

| Karte S. 110 | Tour 9: Vom Colle Oppio auf den Celio | **Zwischen Pincio und Celio** |

Goldglänzendes Apsismosaik in der Oberkirche von San Clemente

clemente.com, Mo–Sa 9–12.30, 15 bis 18, So/Fei 12–18 Uhr, Eintritt Ausgrabungen 5 €, Fotografier- und Filmverbot). **50 Dinge** ① › S. 12.

SS. Quattro Coronati 30 [E8]

Von Interesse sind der **Kreuzgang** und das **Oratorio di San Silvestro** des Kirchenbaus aus dem 4. Jh./12. Jh. Die Fresken im Oratorium erinnern an Kaiser Konstantin und Papst Silvester I., der den erkrankten Potentaten geheilt haben soll. Als Dank, so die Legende, vermachte Konstantin dem Papst die Tiara, die dreistufige Krone als Herrschaftszeichen über Rom und das Weströmische Reich. Roms Päpste leiteten daraus ihr Nachfolgerecht auf die Kaiserkrönung ab; ein Streit, der zum Gang nach Canossa führte, Kriege heraufbeschwor und erst 1870 mit der Auflösung des Kirchenstaats endgültig beigelegt wurde. (Via dei Santi Quattro 20, 00184 Roma, tgl. 10–11.45, 16–17.45 Uhr, So vormittags geschl., Klosterhof-Eingang im Kircheninneren an der Südfront)

Der Lateran [F8]

Wie der Vatikan setzt sich auch der Lateran, seit dem 4. Jh. n. Chr. bis 1309 Sitz der Päpste, aus verschiedenen religiös motivierten Gebäuden zusammen – Heilige Stiege, Baptisterium und Lateranpalast sowie der Basilika San Giovanni in Laterano. Der 31 m hohe **Obelisk** auf dem Lateransplatz wurde im 15. Jh. v. Chr. unter Pharao Thutmosis III. für den Amun-Tempel von Karnak gehauen. 1587, 1230 Jahre nach seiner Verschiffung vom Nil an den Tiber, entdeckte man ihn, in drei Teile zerborsten, auf dem Gelände des Circus Maximus. Die weite **Piazza di Porta San Giovanni** zwischen der Fassade von San Giovanni in Laterano und der Aurelianischen Stadtmauer des 3. Jhs. wird am 1. Mai zur Open-Air-Bühne. › S. 58.

Scala Santa 31 ⭐

Die Heilige Stiege, über die Jesus zu Pilatus emporgestiegen sein soll, stammt aus dem Jerusalemer Palast des römischen Statthalters und wurde von der hl. Helena nach Rom gebracht. Planken aus Nussbaumholz schützen die 28 Marmorstufen, die die Gläubigen auf ihren Knien erklimmen (Piazza di San Giovanni in Laterano 14, 00184 Roma, Tel. +39 0 67 72 66 41, tgl. 6.30–12, 15.30 bis 18 Uhr). Zwei Aufgänge führen

---

! Erst-klassig

Die schönsten Mosaiken

· ·

- Was für ein Auftakt: Die **Galleria Borghese** beeindruckt im 1. Saal mit einem Fußbodenmosaik, auf dem Gladiatoren- und Tierkämpfe zu bewundern sind. › **S. 105**
- Absolutes Highlight: Das Apsismosaik in der Oberkirche von **San Clemente** stellt den »Triumph des Kreuzes« dar, umrankt von einem reich bebilderten Lebensbaum. › **S. 114**
- Maria und Jesus auf Augenhöhe: Die mittelalterlichen Mosaiken in der Apsis von **Santa Maria Maggiore** verherrlichen die Krönung Mariä. › **S. 108**
- Steinchen für Steinchen wurde die **San-Zeno-Kapelle** der Kirche Santa Prassede im 9. Jh. im streng-byzantinischen Stil verziert – bizarr: Neben Theodora, der Mutter des Papstes Paschalis I., ist auch eine Bischöfin zu erkennen. › **S. 109**.

---

zur Privatkapelle des Papstes **Sancta Sanctorum**, April–Sept. Mo/Di, Do bis Sa 10.30–11.30, 15.30–16.30, Mi 15.30–16.30, sonst Mo/Di, Do–Sa 10.30–11.30, 15–16, Mi 15–16 Uhr.

Triclinium Leonianum 32

Direkt hinter der Scala Santa taucht auf der linken Seite eine Apsis mit einem Mosaik auf. Das Triclinium Leonianum gehörte zu einem umfangreichen Speisesaal des Laterans. Die Kopie des ursprünglichen Mosaiks zeigt Papst Leo III. und Karl den Großen mit dem quadratischen Heiligenschein der Lebenden. Hinter Scala Santa und Triclinium zweigt von der Piazza Porta S. Giovanni die Via Appia Nova nach Süden ab – die beste Einkaufsadresse für junge Mode.

San Giovanni in Laterano 33 ⭐

Das Hauptaugenmerk im Lateran gilt natürlich der Basilika San Giovanni in Laterano (tgl. 7–18.30 Uhr), die mit San Paolo fuori le Mura, San Pietro in Vaticano und Santa Maria Maggiore zu den vier Patriarchalkirchen Roms gehört. Zudem ist sie bis heute die Kathedrale Roms. Der Papst ist Bischof von Rom, doch hat er in diesem Amt einen Stellvertreter.

Auf dem bereits unter Nero konfiszierten Besitz der alten römischen Adelsfamilie Laterani von Kaiser Konstantin errichtet, darf sie sich seit 314 mit dem Titel »Haupt und Mutter aller Kirchen« schmücken. Über Jahrhunderte war San Giovanni in Laterano mit dem an-

| Karte S. 110 | Tour 9: Vom Colle Oppio auf den Celio | **Zwischen Pincio und Celio** |

grenzenden Lateranpalast der Sitz des Papstes und Schauplatz wichtigster Kirchendispute und bedeutsamer Konzile. Erstmals in der Spätantike wurde hier eine Kirche mit einem Querschiff errichtet und damit dem Grundriss des Kreuzes nachempfunden. Unter den Nachfolgern Petri wurde San Giovanni häufig umgebaut: Papst Innozenz X. gab zum Heiligen Jahr 1650 Borromini den Auftrag, den Innenraum umzugestalten. Die prunkvolle **Fassade** mit der Statuenbalustrade wurde sogar erst 1735 fertiggestellt. Sehenswert sind die mächtigen fünf **Portaltüren** San Giovannis (die mittlere stammt von der Kurie des Senats). Von den zahlreichen **Kunstwerken im Inneren** San Giovannis seien erwähnt: das Giotto-Fresko mit der Ausrufung des 1. Pilgerjubiläums im Jahre 1300 durch Papst Bonifaz VIII. (1. Pilaster des rechten Seitenschiffs), die bronzene Grabplatte Martins V. (er beendete das Abendländische Schisma) in der Confessio sowie der marmorne Hauptaltar, in dem der hölzerne Altar enthalten ist, an dem bereits Petrus die Messe gelesen haben soll, außerdem Reliquien der Heiligen Petrus und Paulus im Ziborium.

San Giovanni in Laterano

Lateranpalast 34 ⭐

Der Lateranpalast (Zugang von Piazza di Porta San Giovanni) ist seit den Lateranverträgen (1929) eine Exklave des Kirchenstaates. Die Sammlung des Museo Storico Vaticano (nur mit Führung, Mo–Sa 9, 10, 11, 12 Uhr) ist zumeist in die Vatikanischen Museen ausgelagert.

Ein Ort der Stille und Besinnung ist der **Kreuzgang** (Chiostro), wie in San Paolo fuori le Mura › S. 123 ein Meisterwerk der Cosmaten. Die sog. Cosmaten waren im 12.–14. Jh. wegen ihrer Dekorationskunst, bei der sie Goldpaste mit Intarsien aus Glas und Marmor mosaikartig zu immer neuen geometrischen, orientalisch wirkenden Mustern auf Fußböden und Wänden kombinierten, in ganz Europa gefragt. Sie stammten aus süditalienischen Familien, bei denen der Vorname Cosmas beliebt war. **50 Dinge** 30 › S. 15.

Baptisterium San Giovanni in Fonte 35 ⭐

Kunst- und religionsgeschichtlich bedeutsam ist der achteckige Ziegelbau des Baptisteriums. Die wohl älteste Taufkirche der Christenheit steht auf den antiken Bädern der Laterani-Familie. Kaiser Konstantin ließ sie im 4. Jh. errichten; 1637 erhielt sie ihre Gestalt. Besonders be-

Zwischen Pincio und Celio — Tour 9: Vom Colle Oppio auf den Celio

Karte S. 110

merkenswert sind die antiken Bronzetüren und frühmittelalterlichen Mosaiken (tgl. 7–12.30, 16–19 Uhr).

Auf dem Celio [E8]
Santo Stefano Rotondo 36

Die Kirche Santo Stefano Rotondo entstand 476 n. Chr. nach dem Vorbild der von Konstantin in Jerusalem errichteten Grabeskirche, die den Baumeistern der Renaissance häufig als Vorbild diente. Mit deutschen Mitteln restauriert, gilt der »Todesreigen der Blutzeugen« von Niccolò Circignani und Matteo da Siena 1582 als Attraktion (Via di Santo Stefano Rotondo 7, 00184 Roma, Sommer Di–Sa 9.30–12.30, 15–18, So 9.30 bis 12, Winter Di–Sa 9.30–12.30, 14–17, So 9.30–12 Uhr).

S. Maria in Domnica 37 und Park der Villa Celimontana

Santa Maria in Domnica geht auf das frühe 9. Jh. zurück. Unter der Kirche werden Reste einer palastähnlichen Anlage vermutet, denn der Monte Celio war wie der Palatin in der Antike eine beliebte Wohngegend des Hochadels. Neben dem Apsismosaik sind die Kassettendecke und Fresken (16. Jh.) zu bewundern (Via della Navicella 10, 00184 Roma, tgl. 9–12, 15.30–18 Uhr). Den **Navicellabrunnen** stiftete Medici-Papst Leo X. Links der Kirche liegt der Eingang zum **Park der Villa Celimontana** (Via della Navicella 12, 00184 Roma, 7–19 Uhr). Der Blick auf die Ruinen der Caracallathermen ist einmalig. Den Obelisk, einst Ramses II. geweiht, erhielt Parkbesitzer C. Mattei 1584 als Geschenk des römischen Senats.

SS. Giovanni e Paolo 38 [E8]

Rechts führt das teils noch antike Lavasteinpflaster des **Clivio di Scauro** hinab zu SS. Giovanni e Paolo (Pza. dei Santi Giovanni e Paolo 13, 00184 Roma, tgl. 8.30–12, 15.30–18 Uhr). Die um 400 n. Chr. errichtete Basilika wurde auf Betreiben von Kardinal Spellman in den 1950er-Jahren restauriert. Roms Brautpaare danken es dem New Yorker Erzbischof – SS. Giovanni e Paolo ist die beliebteste Hochzeitskirche der Stadt. Die Oberkirche ist barock, doch die Ausgrabungen darunter brachten eine Mixtur aus römischer Domus, frühchristlicher Wohnstatt und mittelalterlichem Oratorium ans Licht. In den **Case Romane del Celio** zeigen Fresken (2.–4. Jh.) heidnische und christliche Motive. Im Wegelabyrinth taucht man in die frühe Geschichte der Stadt ein (Eingang Clivio di Scauro, Do–Mo 10–13, 15–18 Uhr, www.caseromane.it).

San Gregorio Magno 39 [E8]

Die nach Papst Gregor d. Gr. (590 bis 604) benannte Kirche steht am Ende dieses Wegs. Gregor wandelte den Familienpalast in ein Kloster um. Bemerkenswert sind der Altar Gregors mit Bischofsstuhl sowie seine Zelle. Hinter der Kirche liegt der Benediktinerfriedhof mit drei Kapellen zu Ehren von Santa Silvia, der Mutter Papst Gregors, des hl. Andreas und der hl. Barbara (Piazza di San Gregorio 1, 00184 Roma).

Buco di Roma auf dem Aventin

DER AVENTIN IM SÜDEN DER STADT

Kleine Inspiration

- **Piazza dei Cavalieri di Malta:** Vom Blick durch das Schlüsselloch Buco di Roma überraschen lassen. › S. 122
- **Cimitero Acattolico:** Über den Friedhof spazieren und die tiefsinnigen Grabsprüche studieren. › S. 123
- **Centrale Montemartini:** Die einmalige Mischung von Marmorschönheiten und Turbinen bewundern. › S. 123
- **Piazza Testaccio:** Am ersten Martini der Nacht nippen. › S. 124

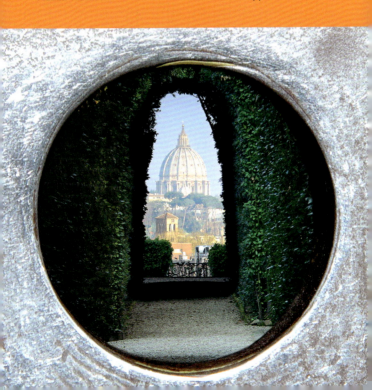

Auf dem Hügel am Tiber gibt es schöne Kirchen, antike Baudenkmäler und idyllische Fleckchen im Grünen zu entdecken. Vor den Mauern der antiken Stadt feiert heute Roms Partyszene.

Der Aventin war in der Antike zunächst das Wohnviertel der Plebejer, später jedoch, in der Kaiserzeit, siedelten sich zunehmend wohlhabende Bürger hier an. Sie schätzten die Nähe zum Tiber und zu den Kaiserresidenzen auf dem Palatin, nördlich vom Circus Maximus. Die Thermen des Caracalla lagen gleich im Westen des Hügels. Heutzutage versprechen Roms Rosengarten und der Friedhof der Nichtkatholiken Entspannung, während reges Nachtleben ins angrenzende Quartiere Testaccio lockt. Inzwischen hat sich die Kulturszene noch weiter nach Süden ausgedehnt – nach Ostiense, das schon jenseits der antiken Stadtmauern liegt. Dorthin führt die von Cafés und Grünanlagen gesäumte Via Ostiense von der Porta S. Paolo im Schatten der Cestiuspyramide aus. Die einstigen Industriebetriebe und Großmarkthallen der Vorstadt werden von Künstlern und Kleinkunstbühnen genutzt. Kurz hinter dem markanten Gasometer passiert man das ehemalige Elektrizitätswerk Centrale Montemartini, die beeindruckende Zweigstelle der Kapitolinischen Museen. Die Tour endet schließlich weit »vor den Mauern« an der Pilgerkirche San Paolo fuori le Mura.

Tour im Süden der Stadt

Vom Aventin vor die Mauern

Verlauf: San Saba › Caracallathermen › Circo Massimo › Santa Sabina › Piazza dei Cavalieri di Malta › Porta San Paolo › Cimiterio Acattolico › San Paolo fuori le Mura

Karte: Seite 122
Dauer: 4 Stunden

Praktische Hinweise:
- Die Piazza di Porta Capena (S. Saba) ist von der Ⓜ Circo Massimo (B) zu erreichen. Zu San Paolo fuori le Mura fahren die Metro B Ⓜ Basilica S. Paolo und der Bus 23. Rosengarten Mai–Mitte Juni.

Tour-Start:
San Saba 1 [D9]

Der Piccolo Aventino, noch Anfang des 20. Jhs. Wohnquartier der Eisenbahner, ist heute ein vornehmes

Tour 10: Vom Aventin vor die Mauern **Der Aventin**

Viertel rund um San Saba, die Kirche der Basilianer (7. Jh) mit mittelalterlichen Reliefs und Cosmatenfußboden › **S. 117**. (Pza. Bernini 20, 00153 Roma; Mo–Sa 8–12, 16–19, So/Fei 9.30–13, 16–19.30 Uhr)

Caracallathermen 2 ⭐ [E9]

212 von Caracalla in Auftrag gegeben und 217 von ihm eröffnet, zählte die 337 × 328 m große Anlage zu den größten der Stadt. Der Reichtum der Ausstattung – gefunden wurden hier z.B. der Farnese-Stier und der Farnesische Herkules – zeigt sich in den Mosaiken und dem verschwenderischen Einsatz von Marmor. Caldarium, Frigidarium, Bibliotheken, Ruheräume und Innenhöfe waren prunkvoll eingerichtet. Jeder freie Römer durfte sich hier vergnügen. Einzigartig war das unterirdisch verlegte Umluftheizsystem (Via delle Terme di Caracalla, 00153 Roma, Tel. +39 06 39 96 77 00; Mo 9–13, Di–So 9–18.30 Uhr; Sammelticket Appia Antica oder Roma Archaeologia Card › **S. 153**).

Circo Massimo 3 [D8]

Das antike Synonym für Brot und Spiele war der **Circus Maximus.** In der Talsenke, wo der legendäre Raub der Sabinerinnen stattgefunden haben soll, zeichnen sich die Umrisse der einst 600 x 200 m großen Wagenrennbahn ab. Wagenrennen waren im Römischen Reich sehr beliebt, bis zu 300 000 Zuschauer wetteten hier. Heute wird das Areal nur zu Open-Air-Veranstaltungen reaktiviert.

In den Ruinen der Caracallathermen erklingen heute Konzerte

Roseto 4 [D8]

Während der Rosenblüte zieht es die Römer vom Piazzale Ugo La Malfa in den wunderschön duftenden Rosengarten, **50 Dinge** ㉗ › **S. 15** (Via di Valle Murcia, 00153 Roma, ca. Ende April–Mitte Juni tgl. 8–19 Uhr, Tel. +39 0 65 74 68 10) und ganzjährig in den **Parco Sant'Alessio.**

Santa Sabina 5 [D8/9]

An der Via S. Sabina erhebt sich die gleichnamige Basilika, ein schöner Backsteinbau. Der Bildschmuck der Zypressenholztüren von 425 n. Chr. beeindruckt. Santa Sabina ist der Ursprungsort des Dominikanerordens. Die Zelle des hl. Dominikus ist im Kloster erhalten (auf Anfrage Tel. +39 32 79 75 88 69). Besondere Beachtung verdienen die Kirchen-

121

fenster, die aus Selenit, transparentem Gips, gefertigt wurden, der Kreuzgang sowie der Klostergarten (tgl. 8.15–12.30, 15.30–18 Uhr).

Ordine di Malta 6 [C/D9]

Hier lässt sich eine der ungewöhnlichsten Aussichten genießen: durch das **Buco di Roma** genannte Schlüsselloch im Eingangsportal der Villa des Großmeisters des Malteserordens und vom Garten aus (Piazza dei Cavalieri di Malta 4, 00153 Roma, Führung nur nach Anmeldung, Tel. +39 06 67 58 12 89).

Die neoromanische Kirche **Sant'Anselmo** 7 (Ende 19. Jh.), die an das Benediktinerseminar angrenzt, ist eine populäre Hochzeitskirche (tgl. 9–18 Uhr).

Porta San Paolo 8 [D9]

Der hl. Paulus soll von der Porta San Paolo zu seiner Hinrichtungsstätte Tre Fontane › **S. 135** gegangen sein. Im Torbogen befindet sich das **Mu-**

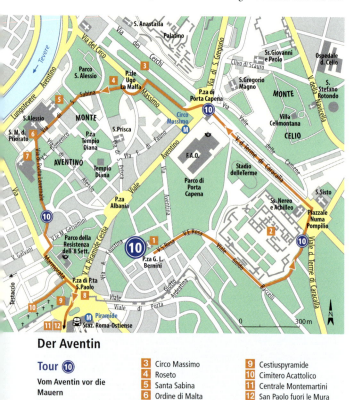

Der Aventin

Tour 10

Vom Aventin vor die Mauern

1 San Saba
2 Caracallathermen
3 Circo Massimo
4 Roseto
5 Santa Sabina
6 Ordine di Malta
7 Sant'Anselmo
8 Porta San Paolo
9 Cestiuspyramide
10 Cimitero Acattolico
11 Centrale Montemartini
12 San Paolo fuori le Mura

Tour 10: Vom Aventin vor die Mauern **Der Aventin**

seo archeologico della Via Ostiense; es dokumentiert die Geschichte der Straße von Rom nach Ostia (Di–So 9–13.30, Di, Do bis 16.30 Uhr).

Piramide di Caio Cestio 9 [D9/10]

Im **Parco della Resistenza** lädt das Caffè du Parc im Schatten der Pyramide zur Ruhepause ein. 12 v.Chr. ließ sich der römische Beamte Caius Cestius das Grabmal im Stil der Ägypten-Mode, die seit 31 v.Chr. aus der neuen Kolonie nach Rom herüberschwappte, errichten (Viale della Piràmide Cèstia, 00153 Roma).

Cimitero Acattolico 10 ⭐ [C/D10]

Auf dem Friedhof für Nichtkatholiken ruhen Ausländer, die sich um Rom verdient gemacht haben oder ihre letzten Jahre hier verbrachten: Keats, Severn und Shelley, Gottfried Semper oder Wilhelm von Humboldt. Für den Sohn August, der 1830 im Alter von 40 Jahren in Rom unglücklich starb, wählte Goethe den Grabspruch: *Goethe filius patri antevertens* (»Goethes Sohn, dem Vater vorangehend«). Der Friedhof ist einer der stimmungsvollsten Orte der Stadt (Eingang an der Via Caio Cestio 6, 00153 Roma; Mo–Sa 9–17, So/Fei 9–13 Uhr, Tel. +39 0 65 74 19 00, www.protestantcemetery.it, Spende erbeten). Hier leben etwa 200 Katzen, die gefüttert werden.

Centrale Montemartini 11 ⭐ [D10]

Als die Kapitolinischen Museen auf dem Kapitol restauriert wurden, brachte man etwa 400 antike Skulpturen und Reliefs in das ehemalige Elektrizitätswerk. Das Nebeneinander von gusseisernen Turbinen und glatten Marmorkörpern fand beim Publikum so großen Anklang, dass die Kapitolinischen Museen die Jugendstilhalle als Zweigstelle beibehielten (Via Ostiense 106, 00154 Roma, Metro B bis Garbatella, Tel. +39 06 06 08, www.centralemontemartini.org; Di–So 9–19, letzter Einlass 18.30 Uhr).

San Paolo fuori le Mura 12 ⭐

Sankt Paul vor den Mauern, eine der vier römischen Patriarchalbasiliken, übertraf an Pracht sogar Alt-Sankt-Peter. Ihre Ursprünge gehen auf das 3. Jh. n.Chr. zurück, als über dem Grab des Apostels Paulus ein erstes Gotteshaus an dieser Stelle errichtet wurde. Der Brand vom 15./16. Juli 1823 zerstörte einen Großteil der einzigartigen Kunstwerke.

Obwohl der Wiederaufbau vom Klassizismus des 19. Jhs. geprägt ist, bewahrt die fünfschiffige Halle den Raumeindruck der spätantiken Kaiserbasiliken. Sehenswert sind der Tabernakel von Arnolfo di Cambio, die 1070 entstandenen **Bronzetüren**, der **Osterleuchter** und der **Kreuzgang**. Pietro Vasalletto schuf ihn 1205–1241. Berühmt ist die Kirche für die Papstmedaillons an den Wänden, die alle Päpste seit Petrus zeigen (Viale Ostiense 184, 00154 Roma; Tel. +39 06 69 88 08 00; tgl. 7–18.30 Uhr, Kreuzgang 9–13, 15 bis 18 Uhr; Ⓜ San Paolo).

SPECIAL

Vom Scherben- zum Szeneviertel – Testaccio

Das Viertel Testaccio um das ehemalige Schlachthaus (ital. Ex Mattatoio) und den antiken Scherbenhügel Monte Testaccio im Süden der Stadt hat sich zum spektakulären In-Treff der römischen Szene entwickelt. Allabendlich strömen vor allem die Jungen und Schönen hierher, um die römische Küche in einer der Trattorien zu genießen und die Nacht in den Diskos durchzutanzen (s. auch S. 41). Am besten erreicht man den Stadtteil mit der Metro, Haltestelle Piramide. Nachts fahren Busse von hier zurück in die Innenstadt (Linien n9, n11).

Römische Küche im Schlachthofviertel

Rund um die **Piazza Testaccio,** wo in der Via A. Volta vormittags ein Lebensmittel- und Kleidermarkt stattfindet, **50 Dinge** (15) › S. 13, lebt nach wie vor Roms Popolo. In die typischen schlichten Trattorien kehren die Nachbarn ebenso ein wie Römer aus anderen Stadtteilen, die die exzellent zubereiteten Innereien schätzen. Es geht eng her, im Sommer stehen Tische im Freien. Aber: Billig ist es nicht!

- **Checchino dal 1887** €€€ [C 10]
  Einfache römische Küche auf höchstem Niveau – auch im Preis.
  Via di Monte Testaccio 30
  00153 Roma | Tel. +39 0 65 74 38 16
  www.checchino-dal-1887.com
  So, Mo geschl.

- **Agustarello** €–€€ [C 9]
  Römische Küche, z.B. Pasta all'amatriciana und Coda alla vaccinara.
  Via G. Branca 98/100 | 00153 Roma
  Tel. +39 0 65 74 65 85
  So und Mo mittag sowie Aug. geschl.

Vom Scherben- zum Szeneviertel SPECIAL

- **Da Felice** € [C9]
  Einfaches Traditionslokal mit bester
  römischer Küche.
  Via Mastrogiorgio 29 | 00153 Roma
  Tel. +39 0 65 74 68 00
  www.felicetestaccio.it

Alles unter einem Dach

Das ehemalige Schlachthaus (Ex
Mattatoio) ist Roms aufregendste
Bühne für eine lebendige Szenekultur. Tea-Room und Performance-Kunst, Dritte-Welt- und Second-handware, Musikveranstaltungen,
v.a. Ethno (afrikan., ital.), Electronic-Sound, volkstümliche Trattoria,
Pizzeria, Filme, Ausstellungen, die
Auswahl ist riesig, die Atmosphäre
interkulturell und alternativ. Auch
eine Zweigstelle des Museo d'Arte
Contemporanea Roma (Macro), das
seinen Hauptsitz im Rione Salario
hat, ist hier untergebracht.

- **Villaggio Globale** [C 9/10]
  Lungotevere Testaccio 1 und
  Via di Monte Testaccio 22
  00153 Roma | Tel. +39 0 65 73 00 29
  www.ecn.org/villaggioglobale
- **MACRO Future** [C 9/10]
  Piazza Orazio Giustiniani 4
  00153 Roma | Tel. +39 06 06 08
  www.macro roma.museum
  Di–So, Fei 16–22 Uhr
  (Haupthaus MACRO/Museo d'Arte
  Contemporanea, Via Nizza/Ecke Via
  Cagliari, Tel. +39 06 06 08; Di–Fr, So
  11–19, Sa bis 22 Uhr, Sammelticket
  12,50 €).

Monte Testaccio und Ostiense

In den Testaccio-Hügel grub man
Kellergewölbe (*grotta*) – ursprüng-
lich als Lagerräume für Wein – die
alsbald als Musik-, Künstler- und
Gay-Treffs zu neuem Leben erwachten. In den letzten Jahren breitete sich die Szene weiter nach
Ostiense aus, wo viele neue Locations rund um die Via Libetta entstanden.

- **Caffè Latino** [C 10]
  Disco-Pub, direkt in den Monte Testaccio hineingebaut, mit Livemusik und
  Disco, Revival, Funk, Soul.
  Via di Monte Testaccio 96
  00153 Roma | Tel. +39 06 55 78 24 11
  tgl. 20–5 Uhr
- **Radio Londra Caffè** [C 10]
  Bekanntes Live-Rock-Lokal im Bunker-look – die Kellner sind als Soldaten
  verkleidet.
  Via di Monte Testaccio 67
  00153 Roma | Tel. +39 0 65 75 00 41
  Di–So 21–3 Uhr

Latino-Rhythmen

Hip ist, wer sich in römischen
Nächten in den Höhlen zu Salsa, Latin House, Merengue, Hip-Hop
oder Eletrotango bewegt und genießerisch Tapas, Enchiladas und Cerveza goutiert.

- **Cafè de Oriente** [C 10]
  Heiße Rhythmen mit Animation.
  Via di Monte Testaccio 36
  00153 Roma | Tel. +39 0 65 74 50 19
  tgl. 23–4 Uhr
  Mo und Juli/Aug. geschl.
- **Charro Cafè** [C 10]
  Mexikanische Küche, frenetische
  Beats.
  Via di Monte Testaccio 73
  00153 Roma | Tel. +39 0 65 78 30 64
  www.charrocafe.it
  tgl. außer Mo/So 20.30–3 Uhr

125

TRASTEVERE UND GIANICOLO

Kleine Inspiration

- **Palazzo Corsini:** Im Botanischen Garten lustwandeln. › S. 127
- **Via della Lungaretta:** Sich dem abendlichen Corso der Römer anschließen. › S. 130
- **Porta Portese:** Auf dem bunten Flohmarkt nach ausgefallenen Klamotten stöbern. › S. 131
- **Monte Gianicolo:** Das Stadtpanorama vom Faro della Vittoria bei Sonnenuntergang bewundern. › S. 132

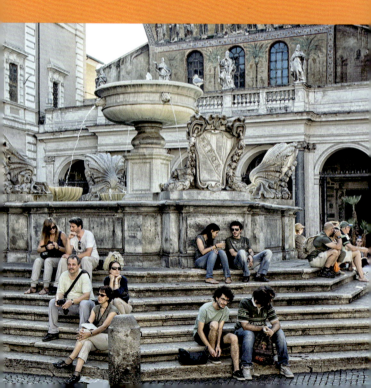

Karte S. 128

Tour 11 | 12 **Trastevere und Gianicolo**

Das Trastevere-Viertel besticht vor allem mit volkstümlichem Charme und zahllosen guten Restaurants und Bars. Beim Gang über den Gianicolo schweift der Blick über die Stadt bis in die umgebende Landschaft.

Am westlichen Tiberufer hat sich das Viertel Trastevere mit seinen mittelalterlich verwinkelten Straßen den malerischen Charme bewahrt. Kirchen wie Santa Maria in Trastevere setzen kunsthistorische Höhepunkte. Am Abend verlockt es mit zahlreichen Trattorien und Kneipen zum Ausgehen und Flanieren.

Oberhalb von Trastevere ragt der mit gut 80 m höchste römische Hügel empor, der Gianicolo. Einerseits faszinieren die Denkmäler für jene Männer, die sich um die italienische Einheit verdient gemacht haben, andererseits überwältigt die grandiose Aussicht auf die Ewige Stadt, vor allem von der Piazza Garibaldi aus.

Tour durch Trastevere

Bummel durch Trastevere

Verlauf: Villa Farnesina › Piazza S. Maria in Trastevere › S. Cecilia in Trastevere › S Francesco a Ripa

Karte: Seite 128
Dauer: 3–4 Stunden
Praktische Hinweise:
- Ausgangs- und Endpunkt der Tour lassen sich über Bushaltestellen am Lungotevere erreichen (23, 125, 280 u.a.), S. Francesco a Ripa zudem mit der Straßenbahn 3. Die meisten Museen sind montags, der Botanische Garten ist sonntags und montags geschlossen

Kühles Plätzchen: Der Brunnen auf der Piazza di Santa Maria in Trastevere

Tour-Start:
Villa Farnesina 1 ⭐ [B7]

Der Bankier Agostino Chigi hatte die Villa – sie gilt als Kleinod der Kunstgeschichte – Anfang des 16. Jhs. von Baldassare Peruzzi errichten lassen. 1534 gelangte sie in den Besitz der Familie Farnese. Sehen Sie sich die **Sala delle Prospettive** im Obergeschoss an, in der die Perspektivmalerei erstmals Triumphe feierte. Im **Schlafzimmer** beeindruckt Sodomas Alexanderhochzeit, während Raffaels Geschichte von Amor und Psyche sowie der Triumphzug der Galatea in der **Gartengalerie** herausragen (Via della Lungara 230, 00165 Roma, www.lincei.it; Mo–Sa 9–14 Uhr).

Palazzo Corsini 2 [B7]

Der Palazzo aus dem 16. Jh. war Residenz der schwedischen Königin

127

Christina, die 1655 zum Katholizismus konvertierte und in Rom einen bedeutenden Kreis von Künstlern und Humanisten um sich scharte. Die **Nationalgalerie** im Palazzo Corsini (Galleria Nazionale d'Arte Antica) zeigt europäische Malerei des 16.–18. Jhs. Einer der wertvollsten Schätze der Sammlung ist Anton van Dycks Madonna mit Kind (Via della Lungara 10, 00165 Roma, Tel. 0 63 28 10, www.galleriaborghese.it; Di–So 8.30–19.30 Uhr).

Für Pflanzenfreunde empfiehlt sich der Botanische Garten hinter dem Palazzo (April–Mitte Okt. Di-Sa 9.30–18.30, sonst bis 17.30 Uhr).

Folkloremuseum 3 [C8]

Die Zweigstelle des Museo di Roma gewährt Einblick in Leben und

Touren durch Trastevere und Gianicolo

Tour 11

Bummel durch Trastevere

1. Villa Farnesina
2. Palazzo Corsini
3. Folkloremuseum
4. Santa Maria in Trastevere
5. San Crisogono
6. Piazza Giuseppe Belli
7. Santa Cecilia in Trastevere
8. Complesso di San Michele a Ripa Grande
9. San Francesco a Ripa

Tour 12

Auf dem Gianicolo

10. San Pietro in Montorio
11. Fontana dell'Acqua Paola
12. Porta San Pancrazio
13. Piazzale Garibaldi
14. Faro della Vittoria
15. Sant'Onofrio al Gianicolo
16. Ospedale di Santo Spirito

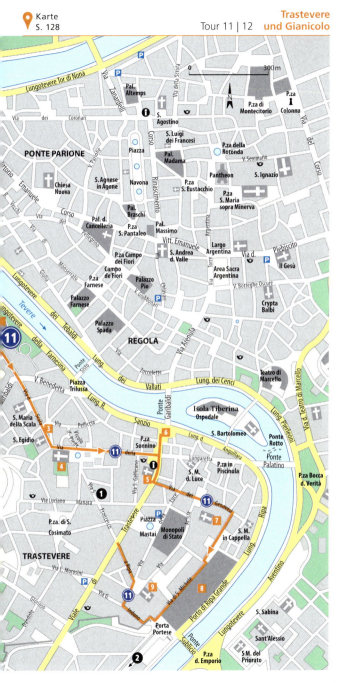

Karte S. 128 — Tour 11 | 12 **Trastevere und Gianicolo**

Apsismosaiken in Santa Maria

Brauchtum Roms. (Piazza San Egidio 1 b, 00153 Roma, www.museodiromaintrastevere.it, Tel. +39 06 06 08, Di–So 10–20, Kasse bis 19 Uhr).

Santa Maria in Trastevere 4 ⭐ [C8]

Bereits Mitte des 4. Jhs. wurde Santa Maria in Trastevere gegründet; sie gilt als älteste Marienkirche Roms. Die Hauptkirche Trasteveres erhielt ihre jetzige Gestalt im 12. Jh., die Vorhalle wurde 1702 errichtet. Die Apsismosaiken, um 1140 entstanden, zeigen Maria und Christus zwischen Heiligen und dem Stifter der Kirche, Papst Innozenz II.

Schon in der Antike genoss der ❗ Brunnen auf dem Kirchplatz als Olei Fons, öliges Quellwasser, Berühmtheit. Carlo Fontana sorgte Ende des 17. Jhs. dafür, dass sich die Hygiene verbesserte.

San Crisogono 5 [C8]

Über die belebte **Via della Lungaretta** geht es zur Piazza Sidney Sonnino mit der Kirche San Crisogono. Ihr Eingang liegt an der Hauptverkehrsachse des Viertels, Viale di Trastevere. Besonders interessant sind die Fußbodenmosaike und die größten Porphyrsäulen Roms. An der Piazza liegt auch der Geschlechterturm **Torre d'Anguillara** (13. Jh.).

Piazza Giuseppe Belli 6 [C8]

Wenig weiter liegt die Piazza Giuseppe Belli, nach einem berühmten »Poeten der kleinen Leute« benannt. Steinern unbewegt schaut der »Zille Roms« auf das Alltagstreiben der Trasteveriner herab, die sich für die wahren Römer halten.

SEITENBLICK

Musikpatronin

Santa Cecilia ist Schutzpatronin der Kirchen- und Volksmusik. Der Stadtchronik nach wurde bei einer Graböffnung im Jahre 1599 der Leichnam der Heiligen nahezu unversehrt vorgefunden. Daher kann man sich bei der 1600 von Carlo Maderno (er war bei der Öffnung anwesend) geschaffenen **Statue der liegenden Cäcilia** in der ihr geweihten Kirche durchaus eine gute Vorstellung vom Aussehen der antiken Dame machen. Es ist dabei dem Volksglauben keineswegs abträglich, dass es eine hl. Cäcilia nie gegeben hat und sie deswegen aus den offiziellen Heiligenverzeichnissen der katholischen Kirche gestrichen wurde.

Tour 11: Bummel durch Trastevere

Trastevere und Gianicolo

Santa Cecilia in Trastevere 7 [C8]

Nach der Überquerung des Viale in Trastevere führt die Via della Lungaretta mit guten Bars und Cafés zur Piazza in Piscinula. Nicht weit entfernt liegt Santa Cecilia in Trastevere, eine der beliebtesten Kirchen Roms. Papst Paschalis I. hat die in den Kalixtus-Katakomben entdeckten Reliquien der hl. Cäcilia hierher bringen lassen und die Kirche prachtvoll ausgeschmückt. Neben den **Apsismosaiken** aus dem 9. Jh. verdienen die **Krypta** und vor allem der **Nonnenchor** des angeschlossenen Nonnenklosters mit dem 1293 entstandenen Fresko des Jüngsten Gerichts von Pietro Cavallini Erwähnung (Pza. di Santa Cecilia 22, 00153 Roma, Mo bis Sa 9.30–13, 16–18.30, So/Fei 11.30–12.30, 16–18.30, Fresken Mo bis Sa 10.15–12.15, So 11.30–12.30 Uhr). Hinter der Kirche hat das **Genuesenhospiz** mit einem beschaulichen Kreuzgang (15. Jh.) seinen Sitz (Via Anicia 12, 00153 Roma).

Complesso di San Michele a Ripa Grande 8 [C8]

In der Via di San Michele 22 steht das in 150 Jahren errichtete Ensemble Complesso di San Michele a Ripa Grande, Sitz einer Hochschule und einer Ministerialstelle. Es öffnet seine Pforten für Konzerte und Ausstellungen. Am Stadttor **Porta Portese** am Ende der Via San Michele findet sonntags von 6–14 Uhr ein ! bunter Flohmarkt statt. **50 Dinge** (32) › S. 16 Wie auf vielen italienischen Märkten wird Mode aus der letzten Saison günstig verkauft sowie allerlei Krimskrams für Küche und Haushalt angeboten.

San Francesco a Ripa 9 [C8]

In der Franziskuskirche lockt ein Spätwerk Berninis, die »Verzückung der Beata Ludovica Albertoni« (1674) in der Kapelle Altieri (Pza. di San Francesco D'Assisi 88, 00153 Roma, tgl. 7–13, 14–19.30 Uhr).

Romantische Plätze im nächtlichen Rom

- Unter Ihnen das leise glucksende Wasser und über Ihnen das Sternenzelt: Entdecken Sie Rom bei einer **Tiberschifffahrt**. › **S. 28**
- Zum Wohl: Die **Piazza Sant´Eustachio** bietet den idealen Rahmen für ein Gläschen Wein. › **S. 86**
- Schon Goethe war begeistert vom Panorama herab von der Aussichtsterrasse auf dem **Monte Pincio**. Der Sonnenuntergang taucht die Peterskirche in extra schönes Licht. › **S. 95**
- Hot Spot des abendlichen Corso ist die stimmungsvolle **Piazza Santa Maria in Trastevere**. Beobachten Sie das Treiben von den Stufen des Brunnens. › **S. 130**
- Fernab der Großstadt: Beim nächtlichen Bummel auf der **Passeggiata del Gianicolo** liegt Ihnen das gigantische Lichtermeer ganz Roms zu Füßen. › **S. 133**

Zwischenstopp: Restaurants
Ivo a Trastevere ❶ € [C8]
Die ❗ originellen Pizzavarianten sind beliebt bei Jung und Alt.
- Via San Francesco a Ripa 158
  00153 Roma | Tel. +39 0 65 81 70 82
  Nur abends | Di geschl.

L'Antico Tevere ❷ €–€€ [C9]
Man speist klassisch oder genießt eine gute Pizza, im Sommer auf der Terrasse mit Tiberblick.
- Via Portuense 45 | 00153 Roma
  Tel. +39 0 65 81 60 54
  So geschl.

Tour über den Gianicolo

Auf dem Gianicolo

Verlauf: San Pietro in Montorio › Piazzale Garibaldi › Passeggiata del Gianicolo › Ospedale Santo Spirito

Karte: Seite 128
Dauer: 2 Stunden
Praktische Hinweise:
- Zur Piazza San Pietro in Montorio gelangen Sie mit den Straßenbahnen 3 und 8.
- Das Ospedale S. Spirito (Di, Do, Sa/So geschl.) an der Piazza Rovere ist mit Bussen zu erreichen (u.a. 23, 40, 116, 280).
- Diese kurze Tour lässt sich gut im Anschluss an den Bummel durch Trastevere unternehmen.

Der romantische Hügel hieß früher *Mons aureus,* Goldener Berg; seine heutige Bezeichnung leitet sich vom doppelköpfigen Gott der Stadttore und Türschwellen, Janus, ab. Der Gianicolo lockt seit altersher junge Liebespaare während der nächtlichen Ausgehtour nicht allein wegen des Ausblicks, sondern auch wegen der dunklen Straßen …

Tour-Start: San Pietro in Montorio 🔟 ⭐ [B8]

Konvent und Kirche an der gleichnamigen Piazza gehen auf das 9. Jh. zurück. Dass der hl. Petrus hier gekreuzigt wurde, gehört ins Reich der frommen Legenden. Die um 1500 umgebaute Kirche beherbergt viele Kunstwerke. Im ersten der beiden Kreuzgänge steht das Meisterwerk Bramantes von 1502, das perfekt proportionierte kleine runde Tempelchen **Tempietto di Bramante**. Bernini dagegen gestaltete den Zugang zur Krypta (Piazza di San Pietro in Montorio 2, 00153 Roma, tgl. 8.30–12, Do/Fr 15–16 Uhr).

Fontana dell'Acqua Paola ⓫ [B8]

Während man weiter den Gianicolo hinaufsteigt, taucht bald die Fontana dell'Acqua Paola auf. Papst Paul V. ließ hier das Aquädukt Trajans reaktivieren und mit barocker Pracht ausschmücken. Antike Triumphbögen standen Pate bei der

Brunnenanlage, die zu den schönsten Roms zählt. Vorbei an der **Porta San Pancrazio** 12, die ab 1644 die Funktionen der Porta Aurelia übernahm, sind es nur mehr wenige Schritte zur Aussichtsterrasse Piazzale Garibaldi.

Piazzale Garibaldi 13 [B7]

Neben dem Panorama – bei klarer Sicht reicht der Blick über Rom bis zum Apennin und den Albanerbergen – bietet das **Reiterstandbild Giuseppe Garibaldis** ein beliebtes Fotomotiv. Das kleine Puppentheater von Carlo Piantadosi (gest. 2012) unter freiem Himmel ist ein Hit.

Leuchtturm (Faro della Vittoria) 14 [B7]

An der Piazza del Faro mit tollem Ausblick überragt seit 1911 der römische Leuchtturm (Faro della Vittoria) den antiken Binnenhafen – ein Geschenk von nach Argentinien ausgewanderten Italienern.

Sant'Onofrio al Gianicolo 15 [B7]

Auf der 1880–1884 auf den Bastionen der Mauern Urbans VIII. angelegten ❗ Passeggiata del Gianicolo (auch Gianicolense) führt der Weg vorbei am Anfiteatro del Tasso, wo während der Estate Romana Theaterstücke und Filme gezeigt werden, zum Kloster Sant'Onofrio al Gianicolo. Sehenswert ist der Kreuzgang aus dem 15. Jh. Hier starb im April 1595 Roms unglücklicher Dichterfürst Torquato Tasso, dem Goethe sein gleichnamiges Schauspiel widmete. In der Kirche sind ihm zwei

Bramantes Tempietto

Monumente gewidmet; das kleine Museum im Kloster kann nach Voranmeldung besichtigt werden (Piazza di Sant'Onofrio 2, 00165 Roma, Kirche tgl. 7.30–13.30, Aug. geschl.).

Ospedale di Santo Spirito 16 [B6]

Von der Piazza Sant'Onofrio al Gianicolo führt die Salita Sant'Onofrio hinunter zur Piazza Della Rovere. Hier erwartet den Besucher ein Horrorladen aus der Medizingeschichte seit dem Mittelalter: Die **Accademia di Storia dell'Arte Sanitaria** ist ein eigenwillig schauriges Vergnügen und bietet einen Überblick über die Geschichte der Heilkunst und ihrer noch tastenden Vorstufen (Lungotevere in Sassia 3, 00193 Roma, Tel. +39 0 66 78 78 64 Mo, Mi, Fr 10–12 Uhr).

AUSFLÜGE & EXTRA-TOUREN

Kleine Inspiration

- **EUR-Viertel:** Bei einem Spaziergang die architektonische Vielfalt von den 1940er- über die 1960er-Jahre bis in die Gegenwart erkunden. › S. 135
- **San Callisto:** Vor den Wandmalereien in den Katakomben den starken Glauben der frühen Christen spüren. › S. 137
- **Ostia Antica:** Faszinierende Einblicke ins Alltagsleben der Antike gewinnen. › S. 140
- **Lido di Ostia:** Am langen Sandstrand verfolgen, wie die Sonne über dem Mittelmeer untergeht. › S. 142

Ausflüge

EUR-Viertel und Kloster Tre Fontane

> Verlauf: Rom › EUR › Abbazia delle Tre Fontane › Rom
>
> Karte: Seite 141
> Dauer: ½ Tag
> Praktische Hinweise:
> • Mit Metro B bis Ⓜ EUR-Fermi, dann Fußweg; www.romaeur.it

Tour-Start: EUR-Viertel [1]

Mussolini wollte auf der für 1942 geplanten Weltausstellung mit dem EUR-Viertel im Süden Roms glänzen. Unter den faschistischen Monumentalbauten ragt der **Palazzo della Civiltà del Lavoro** heraus. Für die Olympischen Spiele 1960 errichtete man ein Vergnügungs- und Sportviertel, u.a. mit dem **Palazzo dello Sport**, einem Rundbau mit einer 100 m weiten Kuppel von Nervi und Piacentini, der heute für Konzerte genutzt wird. Die zahlreichen Museen der Trabantenstadt lohnen den Besuch: das **Prähistorische und Völkerkundliche Museum L. Pigorini** (Piazza G. Marconi 14, 00144 Roma, www.pigorini.beniculturali.it; Mo bis Sa 9–18, So/Fei 9–13.30 Uhr), das **Museo dell'Alto Medioevo** (Museum des Hochmittelalters; Viale Lincoln 3, 00144 Roma, Di–So 9–13.30 Uhr) sowie das **Museo della Civiltà Romana** mit Exponaten aus frührömischer und klassischer Zeit; Hauptattraktion ist ein maßstabsgetreues Modell des antiken Rom (Piazza G. Agnelli 10, 00144 Roma, www.museocivilta roma na.it; Di–So 9–14, Kasse bis 13 Uhr). Hier gewährt auch das **Planetario** einen Blick in die Sterne (Sept. bis Juni Di–Fr 9–14, Sa/So bis 19 Uhr, Juli/Aug. Di–Fr 20.30–23.30, Sa/So 16.30–23.30 Uhr; Vorführungen s. http://en.planetarioroma.it).

Zwischenstopp: Restaurant
Tatà €–€€
Stylisch, gute Pizza und Pasta.
• Piazza Guglielmo Marconi 11 00144 Roma | Tel. 0 65 92 01 05 www.ristopizzeriatata.it | So geschl.

Roms bester Eissalon, **Giolitti**, hat eine Filiale am Viale Oceania 90.

Abbazia delle Tre Fontane [2]

1 km nordöstlich des EUR-Viertels liegt eine Oase der Ruhe. Der Sage nach wurde der hl. Paulus 67 n. Chr. hier enthauptet; drei Quellen seien an Stellen entsprungen, die der Kopf des Heiligen berührte. Französische Trappistenmönche kümmern sich um die drei Kirchen des Klosters (5./7./12. Jh). Man kann unter Eukalyptusbäumen wandeln und Heilkräuter, Olivenöl, Salami und Schinken erwerben (Via di Acque Salvie 1, 00142 Roma, www.abbaziatrefon tane.it, tgl. 9–13, 16–19 Uhr).

Claudio Aquädukt an der Via Appia

Via Appia Antica ▣ ★

> **Verlauf: Rom** › **Parco degli Scipioni** › **Porta San Sebastiano** › **Domine Quo Vadis?** › **Katakomben von San Callisto** › **Katakomben der Domitilla** › **San Sebastiano** › **Rom**

Karte: Seite 137
Dauer: ½ Tag
Praktische Hinweise:

- Ab Ⓜ Piramide (B) Bus 118; ab Ⓜ Arco di Travertino (A) Bus 660; ab Ⓜ S. Giovanni (A) Bus 218; oder Archeobus › S. 28.
- So/Fei ist die Via Appia Fußgängern und Radfahrern vorbehalten (9–18, Winter bis 17 Uhr). Fahrradverleih am Infopoint › S. 27
- San Sebastiano So, San Callisto Mi geschl.!
- Die **Appia Antica Card** (8,50 €) gilt sieben Tage und berechtigt zum Besuch der Caracallathermen, des Grabmals der Cecilia Metella und der Villa dei Quintili.

Tour-Start:

Reisende der Antike benötigten für die exakt 365 römischen Meilen auf dem holprigen Pflaster der ältesten römischen Konsularstraße zwei lange Wochen. Wichtige Nachrichten gelangten durch ein ausgeklügeltes Informationssystem mit Lichtsignalen oder durch reitende Boten, die alle sieben bis zwölf Meilen die Pferde wechselten, in deutlich kürzerer Zeit nach Rom. Eine Kopie der 1. Meilensäule, kurz hinter der Porta San Sebastiano auf der rechten Seite, legt Zeugnis ab vom Baube-ginn jener *Regina viarum* (Königin der Straßen, 312 v. Chr.). Erster Bauherr war der Zensor Appius Claudius. Schnurgerade führte sie gen Süden anfangs bis Capua und wurde um 190 v. Chr. bis zum wichtigen Militärhafen Brundisium (Brindisi) in Apulien weitergebaut.

Parco degli Scipioni Ⓐ

Noch vor der Aurelianischen Mauer liegt der Parco degli Scipioni mit dem **Grab der Scipionen,** der Frührenaissance-Residenz des Kardinals Bessarion und dem **Kolumbarium des Pomponius Hylas** mit üppigen Wandmalereien. (Via di Porta Latina 14, 00179 Roma, Kolumbarium n.Voranmeldung, Tel. 06 67 10 38 19; Grab der Scipionen auf unbestimmte Zeit geschl.)

Porta San Sebastiano Ⓑ

Vorbei am Drususbogen, über den einst ein Aquädukt führte, gelangt man zur Dokumentationsstätte für die römischen Stadtmauern, dem **Museo delle Mura Aureliane** (Via di Porta San Sebastiano 18, 00179 Roma, Tel. +39 06 70 47 52 84; Di bis So 9–14, Einlass bis 13 Uhr), die im antiken Wachturm der Porta San Sebastiano, dem größten Tor der Aurelianischen Mauer, untergebracht ist. Im Museum ist zu erfahren, dass das hier am besten erhaltene Mauerstück auch kultische Bedeutung hatte: Es zeichnete die Umrisse eines Löwen nach. Durch den Bau dieser Mauer wurde der erste Abschnitt der Via Appia zur innerstädtischen Straße (heute Via di Porta San Sebastiano).

Karte S. 137

Via Appia Antica **Ausflüge**

Tomba di Geta C und Tomba di Priscilla D

Nach der Porta San Sebastiano tauchen die ersten Monumente an der Via Appia auf: die Marrana della Caffarella, ein Rinnsal, in dem Priesterinnen der Kybele die rituelle Waschung des Bildnisses der großen Muttergöttin, der Magna Mater, vollzogen; die **Tomba di Geta**, jüngster Sohn des Septimus Severus, den sein Bruder Caracalla ermorden ließ; und die **Tomba di Priscilla**, ein großes Grabmal für die Ehefrau eines einflussreichen Römers.

Kirche Domine Quo Vadis? E

800 m hinter der Porta San Sebastiano steht das legendenumrankte Kirchlein Domine Quo Vadis? (»Herr, wohin gehst Du?«). Hier soll während der neronischen Christenverfolgungen Jesus auf der Flucht Petrus erschienen sein und ihn zur Umkehr zu seiner Gemeinde bewegt haben. In der Kirche soll der Abdruck eines Fußpaares auf einer Marmorplatte das Ereignis bezeugen. Tatsächlich handelt es sich bei der Kopie des Votivbildes um die Danksagung eines Reisenden, der seinen vermutlich keltischen Göttern nach glücklicher Ankunft auf diese Weise opferte (nur zur Messe geöffnet, Winter Mo–Sa 18, So/Fei 9, 11, 18, Sommer tgl. 18 Uhr).

Katakomben von San Callisto F 12

Sie waren im 3. Jh. die wichtigsten christlichen Begräbnisstätten Roms: Sechs heiliggesprochene

- A Parco degli Scipioni
- B Porta San Sebastiano
- C Tomba di Geta
- D Tomba di Priscilla
- E Domine Quo Vadis?
- F Katakomben von San Callisto
- G Katakomben der Domitilla
- H Mausoleo Fosse Ardeatine
- I Katakomben von San Sebastiano
- J Grabmal der Cecilia Metella

137

San Sebastiano

Mausoleo Fosse Ardeatine ⓗ

Das Mausoleo erinnert an das von SS-Truppen verübte Massaker an 335 römischen Zivilisten, unter ihnen 75 Juden und ein katholischer Priester. Der jüngste der Ermordeten war erst 14 Jahre alt. Diese barbarische Vergeltung war die Reaktion auf ein Bombenattentat am 23. März 1944 in der Via Rasella (Nähe Palazzo Barberini), bei dem 32 SS-Leute umkamen. Als einer der Haupttäter wurde der ehemalige SS-Offizier Erich Priebke 1998 nach aufsehenerregendem Prozess zu lebenslanger Haft verurteilt (Via Ardeatina 174, 00179 Roma; Mo–Fr 8.15–15.15, Sa/So 8.15–16.45 Uhr).

Päpste fanden hier die letzte Ruhe. Der Sarg Santa Cäcilias stand hier bis zum 9. Jh. Sehenswert sind die Krypta der Lucina und Wandmalereien mit Darstellungen aus der Liturgie der Urgemeinden. Die 12 000 m² große Anlage hat vier Etagen (Via Appia Antica 110, 00179 Roma, Tel. 06 51 30 15 80; Do–Di 9–12, 14–17 Uhr; Jan./Feb. geschl.).

Katakomben der Domitilla ⓖ

Der Friedhof an der Kreuzung zur Via delle Sette Chiese gehörte der aus kaiserlicher Familie stammenden Flavia Domitilla. Einen Besuch lohnen das Hypogäum der Flavier und die Basilika mit Gräbern der heiligen Nereus und Achilleus (Via delle Sette Chiese 282, 00147 Roma, Tel. +39 0 65 11 03 42; Mi–Mo 9 bis 12, 14–17 Uhr, Dez./Jan. geschl.).

Katakomben und Basilika San Sebastiano ⓘ

Weiter geht es zur Kirche und den Katakomben von San Sebastiano (Via Appia Antica 136, 00179 Roma, Tel. +39 0 67 85 03 50; Mo bis Sa 10–17, Einlass bis 16 Uhr, www.catacombe.org). Den altgriechischen Ursprung des Begriffs für unterirdische Grabstätten *(katá kymbos* = bei den Höhlen) hat römisches Küchenlatein zu *ad katakumbas* und der heutigen Bezeichnung gewandelt. In Rom finden sich viele weitere Katakomben. Die ältesten sind die Katakomben der Priscilla im Norden der Stadt.

In den vier Etagen der Katakomben beeindrucken vor allem die Wandzeichnungen und Ornamente sowie die unterirdischen Versammlungsstätten. Lange war die im 4. Jh.

Karte S. 137

Via Appia Antica **Ausflüge**

errichtete **Basilika San Sebastiano** den Aposteln Petrus und Paulus geweiht, weil ihre Gebeine hier zeitweise ruhten (Memoria apostolorum). Später entschied man sich, die Kirche einem besonders qualvoll verstorbenen christlichen Märtyrer, dem unter Diokletian hingerichteten Legionär Sebastian, zu weihen In der im 17. Jh. umgebauten, zu Roms sieben Titularkirchen zählenden Kirche lohnt ein Blick auf Berninis Statue des hl. Sebastian der eher unfreiwillig zum Wegbereiter der modernen Kunst avancierte: Da er entblößt den Märtyrertod gestorben sein soll, konnten Künstler seinen Körper ohne Bedenken unbekleidet darstellen.

Nicht nur während der Frühzeit des Christentums wurden Gebeine in Katakomben bestattet. Gegenüber S. Sebastiano findet sich in den **Jüdischen Katakomben** (Via Appia Antica 119 a, 00179 Roma, Info und Anmeldung Tel. +39 06 68 80 68 97) ein unterirdischer Synagogenraum.

Grabmal der Cecilia Metella

Nach den Überresten des Circo di Massenzio, die sich hinter dem Grabmal des 309 verstorbenen Kaisersohnes Romulus befinden, folgt das Grabmal der 50 v. Chr. verstorbenen Cecilia Metella (Via Appia Antica 161, 00178 Roma, Tel. +39 06 39 96 77 00, April–Sept. Di–So 9 bis 19.15, Nov.–Feb. 9–16.30 Uhr, sonst bis 1 Std. vor Sonnenuntergang). Der 11 m hohe Travertinturm diente, wie die später applizierten Zinnen andeuten, eine Zeit lang als Festung.

3. bis 5. Meilensäule

80 m vor der **3. Meilensäule** und direkt neben dem Grabmal der Cecilia Metella steht die Kirche San Nicola, die den Himmel als Dach besitzt. In Höhe der **4. Meilensäule** befindet sich ein Grab, das Seneca zugeschrieben wird. Besonders beeindruckend sind jedoch die häufig profanen Inschriften und Grabreliefs an den Sarkophagen in Höhe der **5. Meilensäule** (bis zur Querstraße Via Tor Carbone). In Erinnerung bleiben sicher auch das Grab einer Isis-Priesterin, das restaurierte Grab der Rabirii und das sog. Girlandengrab.

Die Via Appia gibt nach der 5. Meilensäule erstmals ihre schnurgerade Richtung auf: Hier berührte der Wegverlauf die Gemeindegrenzen des alten Alba Longa, die nicht überschritten werden durften, ein religiöses wie politisches Tabu.

Römische Campania: Via Appia

Ausflüge Via Appia Antica

Karte
S. 137

Info
Punto Info Parco Regionale dell'Appia Antica
Führungen
- Via Appia Antica 58 | 00179 Roma
  Tel. +39 0 65 13 53 16
  www.parcoappiaantica.it
  April–Okt. tgl. 9.30–17, Nov.–März tgl. bis 16.30 Uhr
  Fahrradverleih, auch Kinderräder (3 €/Std., 15 €/Tag). **50 Dinge** ⑦ › S. 12.

Zwischenstopp: Restaurants
Zwei romantische und gute Landgaststätten sind:
Ristorante Cecilia Metella
- Via Appia Antica 125 | 00179 Roma
  Tel. +39 0 65 13 67 43 und die
Hostaria Antica Roma
- Via Appia Antica 87 | 00179 Roma
  Tel. +39 0 65 13 28 88.
  Beide Mo geschl., beide €€

Ostia

> **Verlauf: Rom › Ostia Antica › Lido di Ostia › Rom**
>
> **Karte:** Seite 141
> **Dauer:** 1 Tag
> **Praktische Hinweise:**
> - Zug ab Stazione Porta San Paolo Ⓜ Piramide bis Stazione Ostia Antica und weiter bis Lido Centro. Per Auto über Via Ostiense und Via del Mare (SS8). Bei ausreichendem Wasserstand ist die reizvolle Anreise mit dem Tiberschiff möglich (ab Ponte Marconi, 2 Std., ganzjährig, www.battellidiroma.it).
> - Ausgrabungen und Museum Ostia Antica Mo geschl.

Ostia Antica ④ ★

Die **Archäologische Zone Ostia Antica** (Viale dei Romagnoli 717, 00119 Roma, Eingang Via del Mare; Tel. 06 56 35 80 99, Infos und Online-Tickets unter www.ostiaantica.beni culturali.it; April–Aug. Di–So 8.30 bis 19.15, Sept. bis 19, Okt. bis 18.30, Nov.–15. Feb. bis 16.30, 16. Feb. bis März bis 17 Uhr; Kasse schließt jeweils 1 Std. früher) bietet einen Überblick über die Alltagskultur der Antike. Paläste, vierstöckige Mietshäuser *(Insulae)* und Speicher, Tempel, Markthallen, Osterien wurden seit 1802 aus dem Tibersand gegraben.

Im 1. Jh. stieg die Stadt zum Zentrum der Lebensmittelversorgung Roms auf und hatte bis zu 75 000 Einwohner. Heute liegt die Ausgrabungsstätte knapp 6 km vom Meer entfernt. Eine Vorstellung des antiken Stadtgefüges vermittelt der Rundgang von der Porta Romana bis zum Forum (ca. 2,5 Std.). Interessierte können ihn bis zur Porta Marina fortsetzen (4 Std.).

An der Via delle Tombe sind Kolumbarien, die **Tomba degli Archetti** und interessante Gräber zu besichtigen. An der **Statue der Minerva Vittoria** beginnt der Decumanus Maximus, Ostias einstige Hauptstraße. Den **Terme dei Cisiarii** folgen die **Terme di Nettuno**. In der **Kaserne der Vigiles** waren etwa 400 Soldaten stationiert.

Das **Theater des Agrippa** wurde zur Zeit des Augustus errichtet. Den halbrunden Zuschauerraum umfassen zwei übereinanderliegende Säulenreihen.

Karte
S. 141

Ostia **Ausflüge**

Links vom **Hause des Apuleius** ist der Eingang zum Mithräum der sieben Himmel (Mitreo dei Sette Cieli), eines der 17 in Ostia gefundenen Mithrasheiligtümer aus dem 2. und 3. Jh. n. Chr.

In den **Grandi Horrea** befand sich einmal das größte kommerzielle Zentrum Ostias. Linker Hand zweigt die **Via della Casa di Diana** ab, eine antike Wohnstraße. Schanktische mit steinernen Versenkungen und Fresken, die Nahrungsmittel zeigen, lassen die Atmosphäre erahnen. Es folgt das auf drei Insulae verteilte **Caseggiato dei Dipinti** mit schönen Fresken und Mosaiken (»Monatsmosaik« aus dem 4. Jh.).

Eine Treppe führt zum **Archäologischen Museum** (Museo Ostiense), das im Casone del Sale (Salzhaus) aus dem 15. Jh. untergebracht ist (April–Sept. Di–So 10.30–13.30 u. 14.30–18, Okt. bis 17.30, Nov.–15. Feb. bis 15.30, 16. Feb.–März bis 16 Uhr, Kasse schließt 1 Std. früher). Besondere Exponate sind der Sarkophag des Priesters der Kybele (3. Jh.), der Torso des Asklepios, ein Original aus hellenistischer Zeit, Bildnisse Trajans und Faustinas, der Gattin des Antoninus Pius.

Rechter Hand des Cardo Maximus ist das **Lapidarium** von Ostia im einstigen Kleinen Markt. **Kapitol** und **Forum** von Ostia finden sich an

1 EUR-Viertel
2 Abbazia delle Tre Fontane
3 Via Appia Antica
4 Ostia Antica
5 Lido di Ostia
6 Tivoli
7 Villa Adriana

Ausflüge Ostia

Karte S. 141

der Kreuzung von Decumanus Maximus und Cardo Maximus.

In Höhe des Castrum zweigt der Decumanus Maximus nach Süden ab. An der nördlich weiterverlaufenden **Via della Foce** findet sich die **Area Sacra** aus republikanischer Zeit, deren Tempel bis ins 3. Jh. n. Chr. genutzt wurden. Das **Haus von Amor und Psyche** ist eines der besterhaltenen Gebäude.

Im weiteren Verlauf der Via della Foce sind rechts vom Decumanus Maximus Reste einer frühchristlichen Basilika zu sehen, die **Insula delle Muse** (Mietshaus der Musen). Linker Hand steht die **Schule des Trajan**, die vermutlich Sitz der antiken Schiffsbauerzunft war.

Reste der **Jüdischen Synagoge** und vor allem die **Tavernen der Fischverkäufer** mit kunstvoll gestalteten Mosaiken bilden den Abschluss des Rundgangs. Auf dem Rückweg zum Kassenhäuschen lohnt ein Blick auf das **Heiligtum der Kybele** und den **Tempel der Magna Mater** (Großen Muttergöttin).

Lido di Ostia 5

Der **Lido di Ostia**, Naherholungsgebiet und Badewanne der Hauptstädter, erstreckt sich beiderseits der Tibermündung: 7 km Sandstrände, Campingplätze und touristische Infrastruktur.

Ein gepflegter, 6 km langer heller Sandstrand ist in das Naturschutzgebiet **Castel Fusano** integriert. Mit dem Zug Rom–Ostia bis zur Endstation Cristoforo Colombo, von dort in der Badesaison Busse zu den sieben Strandzugängen (*cancelli*).

FKK-Anhänger haben kurz vor Torvaianica einen Strandabschnitt.

Zwischenstopp: Restaurant

La Capannina a Mare €€€

Das Restaurant am Meer serviert exzelente Fischgerichte.
- Lungomare Amerigo Vespucci 156 00100 Roma | Tel. +39 06 56 47 01 43 www.lacapannina.it
Mo geschl.

Tivoli 6 ★

Verlauf: Rom › Tivoli › Villa Adriana › Rom

Karte: Seite 141
Dauer: 1 Tag
Praktische Hinweise:
- Mit dem Auto über A24 Richtung L'Aquila, Abfahrt Tivoli. Regionalbahn FR2 Roma Tiburtina–Tivoli oder Cotral-Bus ab Ⓜ Ponte Mammolo (B) bis Tivoli: Largo Nazioni Unite; alle 30 Min. Bus zur Villa d'Este und der Abzweigung zur Villa Adriana. Direktverbindung mit Bus Tivoli über Via Prenestina zur Villa Adriana.
- Villa Gregoriana und Villa d'Este Mo. geschl.

Tivoli, Roms antiker Steinbruch, ist besonders im Sommer ein beliebtes Ausflugsziel. Neben der **Villa Gregoriana** (Largo Sant'Angelo, 00019 Tivoli, www.villagregoriana.it, April–Okt. Di–So 10–18.30 Uhr, März, Nov./Dez. 10–16 Uhr, Kasse schließt jeweils 1 Std. früher, 6 €) mit dem 100 m herabstürzenden Wasserfall

Karte S. 141

Tivoli **Ausflüge**

In den idyllisch wirkenden Gartenanlagen der Villa Adriana

des Aniene-Flusses faszinieren die Brunnen und Wasserspiele im Park der Spätrenaissancevilla des Kardinals Ippolito II d'Este, die im 19. Jh. vielen Künstlern als Motiv dienten. **Villa d'Este** (Piazza Trento 5, 00019 Tivoli, Tel. +39 07 74 33 29 20, www.villadestetivoli.info; Di–So 8.30 Uhr bis 1 Std. vor Sonnenuntergang, 11 €). Franz Liszt ließ sich hier zu seinen »Jeux d'eau à la Villa d'Este« inspirieren. Die d'Este gehört wie die Adriana zum UNESCO-Welterbe. **50 Dinge** (31) › S. 15.

Unterhalb von Tivoli, 1 km von der Via Tiburtina entfernt (Abzweigung), ließ sich Kaiser Hadrian mit der **Villa Adriana** 7 nach eigenen Plänen sein Imperium Romanum in Miniaturform nachbilden. Welche Ausmaße der Sommersitz des Philosophen-Cäsaren besessen haben muss, illustrieren die 5000 Sklaven, die in unterirdischen Gängen für die Versorgung des Erholungskomplexes sorgten. Eindrucksvoll sind das romantische **Teatro marittimo**, der Rückzugsort des Kaisers auf einer künstlichen Insel, sowie **Canopus**, das dem gleichnamigen Tal bei Alexandria in Ägypten nachempfunden ist (Largo Marguerite Yourcenar 1, 00010 Tivoli, Tel. +39 07 74 38 27 33, Mai–Aug. tgl. 9–19.30 Uhr, sonst bis 1 Std. vor Sonnenuntergang, Kasse schließt 1,5 Std. früher; 11 €).

Info

P.I.T. Ufficio Informazioni
- Piazzale Nazioni Unite | 00019 Tivoli
  Tel. +39 07 74 31 35 36
  www.comune.tivoli.rm.it

Zwischenstopp: Restaurant

Il Ciocco €€
Mit Blick auf den verwunschenen Garten der Villa Gregoriana.
- Via Ponte Gregoriano 33 | 00019 Tivoli
  Tel. +39 07 74 33 34 82 | Di geschl.

Extra-Touren

Tour 13 Ein Wochenende in der Ewigen Stadt

Verlauf: Freitag: Spanische Treppe › Trevibrunnen › Pantheon › Piazza Navona › Campo de' Fiori **Samstag:** Kolosseum › Palatin › Forum Romanum › Kapitolinische Museen › Tiberinsel › Trastevere **Sonntag:** Porta Portese › Engelsbrücke › Engelsburg › Peterskirche › Villa Borghese › Via Veneto

Karte: siehe Faltkarte
Dauer: 2 ½ Tage
Verkehrsmittel:
An der Stazione Termini kreuzen sich die beiden Metro-, verschiedene Bus- und Straßenbahnlinien. Wichtige Sehenswürdigkeiten steuert die Touristenbuslinie 110 an › S. 28. Im Zentrum leisten die Elektrobuslinien 116 und 117 gute Dienste. Sammelticket für Kolosseum, Palatin und Forum Romanum › S. 153. Ticketvorbestellung für Galleria Borghese › S. 105. Sonntags ist der Busverkehr eingeschränkt, viele Restaurants haben geschlossen.

Ein Wochenende in Rom ist ideal, um einen ersten Eindruck von der Ewigen Stadt zu bekommen. Sie bekommen einen aufschlussreichen Überblick.

Das antike Forum Romanum

Beginnen Sie am **Freitagnachmittag** zur Einstimmung mit der bei Touristen und Römern gleichermaßen beliebten **Spanischen Treppe** › S. 96 (Metro A Spagna) und bummeln Sie durch die Einkaufsstraßen in der unmittelbaren Umgebung. Zwischendrin gönnen Sie sich eine Pause im **Caffè Greco** › S. 97 mit Blick auf die Flaneure in der Via Condotti. Anschließend geht es zum **Trevibrunnen** › S. 97 und weiter zur **Piazza Colonna** › S. 92 mit der **Grabsäule des Mark Aurel**. Ebenso überwältigend wie die große Auswahl an Eis bei Giolitti in der nahen Via Uffici del Vicario ist der Besuch im antiken **Pantheon** › S. 87. Gleich um die Ecke mar-

Tour 13: Wochenende in der Ewigen Stadt **Extra-Touren**

Wie lebendig wirkt das Pferd von der Statue des Philosophenkaisers Marc Aurel

kiert Berninis Elefanten-Obelisk den Standort der gotischen Kirche **S. Maria sopra Minerva** › S. 86, nur eines von vielen Beispielen der gelebten römischen Symbiose von Alt und Neu. Sie werden von der italienischen Metropole spätestens dann vollends verzaubert sein, wenn sich im Herzen der Altstadt das Oval der **Piazza Navona** › S. 83 öffnet. Nach einem Aperitif unter freiem Himmel beschließt man den Tag bei einem stimmungsvollen Abendessen am **Campo de' Fiori** › S. 90, einige Schritte weiter südlich.

Der Samstag steht ganz im Zeichen des untergegangenen römischen Imperiums. Zunächst steuert man das gewaltige **Kolosseum** › S. 81 (Metro B Colosseo) an. Sehr eindrucksvoll sind auch die Ruinen antiker Villen, Tempel und Staatsbauten auf dem benachbarten **Palatin** › S. 81 und im angrenzenden **Forum Romanum** › S. 78. Anschließend steigt man hinauf zum **Kapitol**, auf dem sich die **Piazza Campidoglio** › S. 75 nach Michelangelos Plänen im Stil der Renaissance präsentiert. Das Original des Reiterstandbildes von Mark Aurel, das die Platzmitte beherrscht, ist in den **Kapitolinischen Museen** › S. 76 zu bewundern. Das Museumscafé bietet köstliche Snacks und einen unvergleichlichen Blick über die Ruinenlandschaft. Welche Stadt kann das noch bieten?

Die Cordonata, Michelangelos geniale Treppenanlage, geleitet vom Hügel hinunter. Mittelalterliche Straßenzüge führen durch das ehemalige jüdische Ghetto, vorbei an der **Hauptsynagoge** › S. 89 mit dem Museo Ebraico, zum Tiber. Brücken verbinden die **Tiberinsel** › S. 88 mit den Flussufern.

Als Wegzehrung für die abendliche Passeggiata durch das volkstümliche Stadtviertel **Trastevere** › S. 130 sollten Sie sich an der Ponte Cestio eine erfrischende *grattacecha* kaufen, die römische Variante der Granita. **50 Dinge** ⑩ › S. 13. Damit schlendern Sie über die Via della Lungaretta zur belebten Piazza S. Maria in Trastevere. Entweder lassen Sie den Tag in einer der guten Trattorien mit typisch römischer Küche ausklingen oder Sie ziehen, wenn

145

Extra-Touren Tour 13: Wochenende in der Ewigen Stadt

die Füße noch mitmachen, später weiter in die Nacht zum Abtanzen bis der Tag dämmert nach **Testaccio** › **S. 124**.

Am Sonntagvormittag stöbern Sie auf dem Flohmarkt an der **Porta Portese** › **S. 131** (Straßenbahn 3, 8). Entweder Sie nehmen dann den Bus Nr. 23 am Tiber entlang bis zur Ponte Vittorio Emanuele II oder Sie schippern mit dem Schiff von der Anlegestelle Calata Anguillara (Tiberinsel) bis zur **Engelsbrücke**. Am nördlichen Ende des Ponte Sant'Angelo ragt die **Engelsburg** › **S. 72** empor. Nun folgt man dem Menschenstrom über die Via della Conciliazione zum **Petersplatz** › **S. 64**. Zum Besuch der **Peterskirche** › **S. 65** gehört unbedingt der Aufstieg bzw. die Fahrt in die Kuppel. Die **Vatikanischen Museen** › **S. 69** merken Sie sich für den nächsten Rombesuch vor – sie würden den Rahmen dieser Wochenendtour sprengen.

Im **Ristorante Renovatio** › **S. 71** kann man etwas essen, bevor man mit der Straßenbahn 19 zur **Villa Borghese** › **S. 105** zuckelt. In den ausgedehnten Grünanlagen stehen mehrere Museen zur Auswahl: In der Villa Giulia begeistert das **Etruskische Nationalmuseum** › **S. 107**, während die **Galleria Borghese** › **S. 105** mit Gemälden von Caravaggio, Raffael, Rubens, Tizian u.a. glänzt und außerdem eine nette Cafeteria hat. Den südöstlichen Parkausgang flankieren die Propilei delle Aquile, sodann erinnert die platanengesäumte **Via Vittorio Veneto** › **S. 104** an »das süße Leben« in den 1960er-Jahren. Bei einem Drink auf der Dachterrasse des Hotels Eden können Sie das Wochenende mit Blick über Rom Revue passieren lassen.

Auf Pilgerpfaden durch Rom – die sieben römischen Hauptkirchen

Verlauf: Peterskirche › **San Paolo fuori le Mura** › **San Sebastiano alle Catacombe** › **San Giovanni in Laterano** › **Santa Croce in Gerusalemme** › **San Lorenzo fuori le Mura** › **Santa Maria Maggiore**

Karte: siehe Faltkarte
Dauer: Peterskirche › **San Paolo fuori le Mura** Bus 23 ab Piazza Risorgimento bis Basilica San Paolo, ca. 30 Min.; **San Paolo fuori le Mura** › **San Sebastiano alla Catacombe** 1 Std. Fußweg oder Metro B Basilica S. Paolo bis Piramide und Bus 118 (Lagonegro) bis Basilica S. Sebastiano, 40 Min.; **San Sebastiano alle Catacombe** › **San Giovanni in Laterano** Bus 218 (Porta S. Giovanni), 20 Min.; **San Giovanni in Laterano** › **Santa Croce in Gerusalemme** ca. 15 Min. Fußweg; **Santa Croce in Gerusalemme** › **San Lorenzo fuori le Mura** Straßenbahn 3 (Thorvaldsen), 15 Min.; **San Lorenzo fuori le Mura** › **Santa Maria Maggiore** ca. 30 Min. Fußweg oder Bus 71 (S. Silvestro), 15 Min.

Falt-karte — Tour 14: Auf Pilgerpfaden durch Rom **Extra-Touren**

> **Verkehrsmittel:**
> Start und Ziel der Tagestour sind mit der Metro A (Ottaviano/San Pietro bzw. Vittorio Emanuele) erreichbar. Auch die Strecken zwischen den Kirchen sind mit öffentlichen Verkehrsmitteln gut zu bewältigen. Außerdem zu empfehlen: die Touristenbuslinie Roma Cristiana (› S. 28; fährt nicht zu San Sebastiano, San Lorenzo). San Sebastiano alle Catacombe tgl. 13–14 Uhr geschl.; San Lorenzo tgl. 12.30–16 Uhr geschl.!

Zu den sieben Pilgerkirchen zählen neben den vier Patriarchalkirchen (Peterskirche, San Paolo fuori le Mura, San Giovanni in Laterano, Santa Maria Maggiore) auch San Lorenzo fuori le Mura, San Sebastiano alle Catacombe und Santa Croce in Gerusalemme. Sie ziehen Wallfahrer ebenso wie Kunstliebhaber an, denn ihre wertvolle Ausstattung entspricht ihrer kirchengeschichtlichen wie religiösen Bedeutung. Ihre Entstehung reicht zurück in die Zeit Kaiser Konstantins, der den Christen nach einer Traumerscheinung vor der entscheidenden Schlacht um die Alleinherrschaft 313 n. Chr. Glaubensfreiheit gewährt hatte. Der hl. Filippo Neri machte die Tour zu den sieben Kirchen im 16. Jh. populär. Pilger absolvieren die Strecke innerhalb eines Tages zu Fuß, um Ablass von all ihren Sünden zu erlangen. Alle anderen dürfen den Nahverkehr zu Hilfe nehmen, dann bleibt noch Zeit für einen Abstecher zur Jubiläumskirche › **Seitenblick unten.**

Brechen Sie morgens beizeiten zur **Peterskirche** › S. 65 (San Pietro in Vaticano) auf, um Warteschlangen zu vermeiden. Die mit 15 160 m² größte Kirche der Christenheit erhebt sich über dem legendären Märtyrergrab des Apostels Petrus. Er und der hl. Paulus machen Rom zum Zentrum der katholischen Welt; beide werden als Stadtpatrone verehrt. Religiöses Zentrum der Patriarchalbasilika ist der Papstaltar über dem Apostelgrab, an dem nur der Papst eine Messe lesen darf. Anschließend geht es, am besten per Bus, zur Kirche **San Paolo fuori le Mura** › S. 123. Wie bei den anderen Patriarchalbasiliken gibt es auch hier eine Heilige Pforte (re.) und einen für Papst-

SEITENBLICK

Jubiläumskirche
Luftig und lichtdurchflutet präsentiert sich die Jubiläumskirche Chiesa del Dio Padre Misericordioso, die anlässlich des Heiligen Jahres 2000 von Richard Meier 1998–2003 an der Via Francesco Tovaglieri in Tor Tre Teste, einer Wohnsiedlung im Osten Roms, errichtet wurde. Die außerordentliche Architektur lohnt die umständliche Anfahrt von Santa Maria Maggiore mit der Straßenbahn 14 bis Togliatti und dem Bus 556 von Molfetta bis Tovaglieri/Ermoli (Largo Terzo Millennio 89, 00155 Roma, www.diopadremisericordioso.it, tgl. 7.30–12.30, 15.30–19.30 Uhr).

Extra-Touren Tour 14: Auf Pilgerpfaden durch Rom

Der grandiose Blick von der Kuppel des Petersdoms auf den Petersplatz

messen reservierten Hochaltar. Darunter soll sich die Grabstelle des Apostels Paulus befinden. An den Wänden zeigen Medaillons alle Päpste seit Petrus. Der Volksmund behauptet, dass die Welt untergeht, wenn kein Platz mehr für neue Bildnisse zur Verfügung steht.

Zahlreiche Märtyrergräber bergen die **Katakomben** unter der Pilgerkirche **San Sebastiano** › S. 138 an der Via Appia Antica, die direkt über die Via delle 7 Chiese zu erreichen ist. Die Kirche wurde im 4. Jh. erbaut, erhielt jedoch ihre heutige Fassade zu Beginn des 17. Jhs. Nach ihr ist auch die doppeltürmige Porta San Sebastiano benannt, eines der Stadttore der Aurelianischen Stadtmauer. Zu den vielen Opfern der Christenverfolgung unter Kaiser Diokletian gehörte auch der von Pfeilen durchbohrte hl. Sebastian, dessen Grabmal links in der ersten Seitenkapelle zu sehen ist. In der Mittagszeit bleiben die Tore geschlossen, aber die Via Appia eignet sich hervorragend für eine Pause. Wer früh genug dran ist, sollte die Tour aber erst einmal fortsetzen und später um den Lateran herum zu Mittag essen.

Eine Busfahrt erspart den langen Fußmarsch zur Patriarchalbasilika **San Giovanni in Laterano** › S. 116. Die anfangs Christus dem Erlöser, später Johannes dem Täufer und Johannes dem Evangelisten geweihte Lateranbasilika ist die eigentliche Bischofskirche des Papstes und das wichtigste Gotteshaus Roms. Blickfang ist das Ziborium über dem Papstaltar, das angeblich die Häupter von Petrus und Paulus birgt.

Die nahe Pilgerkirche **Santa Croce in Gerusalemme** › S. 112 verdankt ihre Errichtung der hl. Helena, Konstantins Mutter, die aus Jerusalem ein Stück Holz vom Kreuz Christi und andere Reliquien mitbrachte. Vor der Kirche fährt die Straßenbahn zur Basilika **San Lorenzo fuori le Mura** › S. 112. Sie wurde über dem Grab des hl. Laurentius erbaut, dessen Gebeine in der Krypta unter dem Hauptaltar ruhen. Interesse weckt die durchlöcherte Marmortafel, die angeblich den Rost hielt, auf dem der Heilige zu Zeiten Kaiser Valerians gemartert wurde. Das schlichte Gotteshaus liegt etwas abseits touristischer Pfade, sodass man hier am ehesten Ruhe findet und über die Märtyrer sinnieren kann, die ihr Leben für einen Glauben ließen.

Auch die siebte und letzte Station der Wallfahrt, **Santa Maria Maggiore** › S. 108, kann man mit dem Bus ansteuern, anstatt sich durch den Verkehrslärm auf Via Tiburtina und Piazza Vittorio Emanuele II zu quälen. Die vielbesuchte Patriarchalkirche erinnert außer an das Schneewunder an die im 5. Jh. aufblühende Marienverehrung.

Tour 15: Stars und Paparazzi **Extra-Touren**

Stars und Paparazzi – Rom als Filmkulisse

Verlauf: Casina della Rose › Via Veneto › Piazza Barberini › Fontana di Trevi › Piazza di Spagna › Piazza del Popolo › Petersplatz › Engelsburg › Piazza Navona › Piazza Mattei › Forum Romanum › Bocca della Verità › Porta Portese › Gianicolo

Karte: siehe Faltkarte
Dauer: 1/2 Tag ohne Innenbesichtigungen (ca. 12 km Fußweg)
Verkehrsmittel:
Die beschriebene Halbtagestour beginnt oberhalb der Via Veneto. Die Elektrobusse der Linie 116 halten an der Porta Pinciana und der Piazza Barberini, der nächstgelegenen Metrostation (Linie A). Die Porta Portese am Ende der Tour ist durch die Straßenbahn Nr. 3 an das öffentliche Verkehrsnetz angeschlossen. Bis auf eine kurze Metrofahrt (Linie A) zwischen Flaminio und Ottaviano/San Pietro sind Sie zu Fuß unterwegs.

Rom war und ist Inspiration und Kulisse, Wohn- und Arbeitsort vieler Produzenten, Regisseure und Schauspieler sowie Standort des größten europäischen Studiogeländes – Cinecittà. Auch wenn die großen Zeiten des italienischen Kinos – Neorealismus, Fellini, Sandalenfilme und Italowestern – Geschichte sind, gehört die Ewige Stadt nach wie vor zu den beliebtesten internationalen Filmlocations.

Frühstücken Sie zur Einstimmung im Cinecaffè **Casina delle Rose** im Park der **Villa Borghese** › **S. 105**. Beim Ausgang an der Porta Pinciana erinnert der Largo Federico Fellini an einen der größten italienischen Regisseure, auf dessen Spuren Sie die **Via Vittorio Veneto** › **S. 104** hinunterwandeln. Hier spielen Schlüsselszenen von Fellinis gesellschaftskritischem Meisterwerk »Das süße Leben« (La dolce vita, 1960). Im Café de Paris (Nr. 90) lauern die Protagonisten auf Prominente: der Journalist Marcello Rubini, dargestellt von Marcello Mastroianni, und der Fotograf Paparazzo, gespielt von Walter Santesso, auf dessen Filmnamen das Wort »Paparazzo« zurückgeht. Im Hotel Excelsior (Nr. 125) verabschiedet sich Marcello nach dem Streifzug durchs nächtliche Rom von Anita Ekberg in der Rolle der Schauspielerin Sylvia. Die Via Veneto endet an der **Piazza Barberini** › **S. 103**. Im gleichnamigen Palazzo Barberini beginnt in William Wylers »Ein Herz und eine Krone« (Roman Holiday, 1953) die Flucht von Prinzessin Ann (Audrey Hepburn) aus den Zwängen des Hofzeremoniells – zunächst zu einem Friseur nahe der **Fontana di Trevi** › **S. 97**, die allerdings erst mit Anita Ekbergs nächtlichem Bad in »Das süße Leben« so richtig berühmt wurde.

! Erst-klassig

Das Beste rund ums Kino

....

- **Festival Internazionale del Film di Roma** [C2/3]
  Filmfest im Auditorium Parco della Musica 10 Tage im Nov.
  www.romacinemafest.it
- **Casa del Cinema** [D5]
  Programmkino mit Klassikern (OF); Cinecaffè Casina delle Rose
  Largo Marcello Mastroianni 1
  Villa Borghese | 00197 Roma
  Tel. +39 06 42 36 01
  www.casadelcinema.it
  tgl. 9–19 Uhr.
- **Cinema Nuovo Sacher** [C8]
  Arthouse-Kino des engagierten Regisseurs Nanni Moretti.
  Largo Ascianghi 1 | 00153 Roma
  Tel. +39 0 65 81 81 16
  www.sacherfilm.eu
- **L'Isola del Cinema** [C8]
  Open-Air-Kino auf der Tiberinsel.
  Pza. S. Bartolomeo | 00153 Roma
  www.isoladelcinema.com
  Juni –Anf. Sept. tgl. ab 19 Uhr
- **Museo degli orrori di Dario Argento** [B/C5]
  Skurriles Museum zu Thrillern des römischen Kultregisseurs.
  Via Gracchi 260 | 00192 Roma
  Tel. +39 0 63 21 13 95
  www.profondorossostore.com
  Mo–Sa 10.30–13, 16–19.30 Uhr
- **Hollywood** [C7]
  Filme, Poster, DVDs, Bücher.
  Via Monserrato 107
  00186 Roma
  www.hollywood-video.it
  Mo–Sa 10–19.30 Uhr

Die nächste Station holt Sie auf den tristen Boden des italienischen Neorealismus zurück. In der schmalen **Via del Traforo** spielt eine erschütternde Szene von Vittorio De Sicas oscarprämiertem Film »Fahrraddiebe« (Ladri di biciclette, 1948). Dem Plakatkleber Antonio Ricci (Lamberto Maggiorani) wird das Fahrrad gestohlen, das er für seinen Job braucht. Mit seinem Sohn sucht er es erzweifelt in der ganzen Stadt.

Sie aber bummeln nun auf der Via Due Macelli in Richtung Piazza di Spagna. In einem Café am Fuß der **Spanischen Treppe** › S. 96 spielt »Der talentierte Mr. Ripley« (The talented Mr. Ripley, 1999) Tom Ripley (Matt Damon) alias Dickie Greenleaf mit Dickies Verlobter Marge (Gwyneth Paltrow) und seiner Freundin Meredith (Cate Blanchett) Katz und Maus. Anthony Minghellas Film bleibt spannend, doch Sie dürfen sich gedanklich kurz wieder Audrey Hepburn und dem von Gregory Peck gespielten Journalisten Joe Bradley zuwenden. Die Spanische Treppe und die Türme SS. Trinità dei Monti liefern den Hintergrund für den Entschluss der lebenshungrigen Prinzessin, mit dem charmanten Joe einen Tag fern aller Pflichten zu verbringen.

Auf der **Piazza del Popolo** › S. 95 stand Tom Hanks 2008 als Symbologe Robert Langdon für den Thriller »Illuminati« vor der Kamera. Ron Howard, der Dan Browns Bestseller über die Bruderschaft der Illuminaten und ein Attentat auf den Vatikan verfilmte, bekam keine Drehgenehmigung für Roms Kir-

Falt-karte

Tour 15: Stars und Paparazzi **Extra-Touren**

chen. Das freie Spiel des Autors mit Religion und Geschichte hat eben nicht nur Fans! (**Illuminati-Stadtführung**, Englisch, Online-Buchung, www.angels anddemons.it, Start: S. Maria del Popolo, Di, Fr–So 9.30 Uhr, 4 Std., 56 €).

Die Metro A bringt Sie vom Piazzale Flaminio zum Vatikan. Die Kuppel der **Peterskirche** › S. 65 symbolisiert nicht nur in »Illuminati« die Macht der Kirche, sondern auch in Francis Ford Coppolas »Der Pate III« (1990). In »La dolce vita« genießen Marcello und Sylvia von dort oben Roms Schönheit. Auf der Via dei Corridori folgen Sie dem »Il Passeto« genannten Fluchtweg der Päpste zur **Engelsburg** › S. 72. Hier entdeckt Langdon in »Illuminati« die geheime Kirche der Erleuchtung. Dann überqueren Sie den Tiber. Die prächtige **Piazza Navona** › S. 83 ist eine weitere beliebte Kulisse. In »Illuminati« steht Berninis Vierströmebrunnen als vierter Tatort für das Element Wasser. Das unbeschwerte Lebensgefühl der High Society im Rom der 1950er-Jahre beschwört die Verfilmung »Der talentierte Mr. Ripley« nach Patricia Highsmith herauf. An der pittoresken **Piazza Mattei** › S. 89 findet der Hochstapler Tom im Palazzo Costaguti eine standesgemäße Bleibe. Vorbei am **Forum Romanum** › S. 78, zu sehen in »Der talentierte Mr. Ripley« und »Ein Herz und eine Krone«, geht es zur **Bocca della Verità** › S. 88, wo sich Joe und Ann in »Ein Herz und eine Krone« auf die Probe stellen. Folgen Sie dann der Fährte von Vater und Sohn Ricci über den Ponte Palatino, am Lungotevere Ripa entlang zur **Porta Portese** › S. 131, wo sie auf dem Flohmarkt nach den Fahrraddieben suchen. Trastevere war auch das Pflaster von Pasolinis Drama »Mamma Roma« (1962) mit Anna Magnani als Prostituierte in der Titelrolle. Stärken Sie sich in der Trattoria »Sora Lella« › S. 89, die eine Schwester des Schauspielers Aldo Fabrizi 1959 eröffnete. Zu guter Letzt gönnen Sie sich einen Spaziergang auf den **Gianicolo** › S. 132. Der Ausgangsort des oscarprämierten Films »Die große Schönheit« (La Grande Belezza, 2013) des Regisseurs Paolo Sorrentino bietet einen fantastischen Blick auf Rom. Dort lässt der alternde Journalist Jep sein Leben Revue passieren. Dieses ist eng mit der Stadt verknüpft, die mit all ihren Facetten, von Testaccio bis zum Tiber, in einer Hauptrolle glänzt.

SEITENBLICK

Cinecittà

Die Via Tuscolana führt zur **Cinecittà** (Metro A). 2012 feierten die berühmten Studios ihr 75-jähriges Bestehen. Hier drehten u.a. Luchino Visconti, Federico Fellini, Jean-Luc Godard, Terry Gilliam, Martin Scorsese und Paul Haggis mit Stars wie Kirk Douglas oder Kim Basinger (z.B. Ben Hur 1956, Cleopatra 1963, Gangs of New York 2001, The Third Person 2013). Studiotouren führen über das 40 ha große Areal und gewähren Einblicke in die Traumfabrik.

- Via Tuscolana 1055 | www.cinecittastudios.it | Mi–Mo 9.30–18.30
  Tickets bis 17.30 Uhr, Programm für 5- bis 10-jährige Kinder: So 10–18 Uhr

Infos von A–Z

Ärztliche Versorgung

Für EU-Bürger ist die ambulante Behandlung in Krankenhäusern gegen Vorlage der Europäischen Versicherungskarte, die in die übliche Versicherungskarte integriert ist, kostenlos. Zusätzlich empfiehlt sich der Abschluss einer Auslandskranken- und Rückholversicherung.

Behindertengerechtes Reisen

Rom ist – im Gegensatz zum Vatikan – keine behindertengerechte Stadt, und auch die öffentlichen Verkehrsmittel sind nur sehr eingeschränkt nutzbar. Nur wenige Metrostationen sind behindertengerecht ausgebaut. Infos bei HandyTurismo, Via dell'Acquedotto Paolo 73, 00168 Rom (Mo–Fr 9–17 Uhr) oder unter Tel. +39 06 35 07 57 07, www.handyturismo.it (engl.) sowie unter Service-Tel. 06 57 17 70 94.

Diplomatische Vertretungen

- **Bundesrepublik Deutschland:** Via San Martino della Battaglia 4 (Botschaft und Konsulat), 00185 Roma, Tel. +39 06 49 21 31, www.rom.diplo.de
- **Österreich:** Via Pergolesi 3 (Botschaft), Tel. +39 0 68 44 01 41; Via Liegi 32, interno 1 (Konsulat), 00198 Roma, Tel. +39 0 68 41 82 12 www.aussenministerium.at/rom
- **Schweiz:** Via Barnaba Oriani 61 (Botschaft), 00197 Roma, Tel. +41 24 73 65 (rund um die Uhr), www.eda.admin.ch/roma

Geld und Währung

Währungseinheit ist der Euro, Geldautomaten sind überall dicht gesät. Die üblichen Kreditkarten werden allgemeiakzeptiert.

Information

- In Rom: **Turismo di Roma,** Via Leopardi 24, 00185 Roma, www.turismoroma.it, **Callcenter:** Tel. + 39 06 06 08, www.060608.it, **P. I. T.** (Infopunkte): Flughafen Fiumicino (Terminal 3, Ankunftshalle), Flughafen Ciampino (Ankunftshalle, Gepäckabholung), Stazione Termini (Gebäude F, Gleis 24), Stazione Tiburtina (Nomentano, Fernbhf.), Via dei Fori Imperiali (Forum Romanum), Via Nazionale (Palazzo delle Esposizioni), Via Marco Minghetti (Fontana di Trevi), Piazza delle Cinque Lune (Navona), Piazza Pia (Castel Sant'Angelo).
- Vatikanstadt: **Pilger- und Touristenamt** (Ufficio pellegrini e turisti), Petersplatz, 00120 Vatikan, Tel. +39 06 69 88 23 50, www.vatican.va
- **Deutsches Pilgerzentrum,** Via del Banco di S. Spirito 56, 00186 Roma, Tel. +39 0 66 89 71 97, www.pilgerzentrum.net
- Büro der **ENIT** in Rom: Via Marghera 2, 00185 Rom, Tel. +39 0 64 97 11 www.sedecentrale.enit.it www.enit.it
- Büro der **ENIT** für Deutschland, Österreich und die Schweiz: 60325 Frankfurt/Main Barckhausstr. 10 Tel. 0 69/23 74 34, frankfurt@enit.it

Notruf

- Polizei, Feuerwehr, Unfallrettung: Tel. 112
- Pannendienst des ACI: Tel. +39 80 31 16, mobil: 800 11 68 00

Infos von A–Z

GUT ZU WISSEN

- **Fahrverbote und Parkplätze:** Die Zufahrt ins historische Zentrum (ZTL-Bereich) ist nur mit einer speziellen Genehmigung erlaubt. Ausnahme: Die Hotelanfahrt ist gestattet. Während Ihres Aufenthaltes sollten Sie das Auto in der Hotelgarage lassen. Ansonsten parken Sie auf einem der bewachten und kostenpflichtigen Parkplätze am Stadtrand (innerhalb vom Autobahnring), die direkt an den öffentlichen Nahverkehr angeschlossen sind (www.atac.roma.it): **Rebibbia** (Nordosten, Metrolinie B), Zufahrt: Via Casal de' Pazzi; **Anagnina** (Süden, Metrolinie A) Zufahrt: Via Tuscolana; **Laurentina** (Süden, Metrolinie B) Zufahrt: Via Francesco De Suppè (1,50 € für die ersten 12 Std., 2,50 € für bis zu 16 Std.).

- **Sammeltickets für Museen:** Der **Roma Pass** (36 €, www.romapass. it) gilt 3 Tage und beinhaltet freien Eintritt zu den ersten beiden besuchten Museen oder Ausgrabungen sowie Ermäßigungen bei allen weiteren. Die freie Nutzung des Nahverkehrs ist enthalten; entspricht im Umfang dem BTI-Ticket › S. 27. Neben der 7 Tage gültigen **Roma Archaeologia Card** (27,50 €), gültig für Kolosseum, Forum Romanum, Palatin, Palazzo Altemps, Palazzo Massimo, Terme di Diocleziano, Crypta Balbi, Grabmal der Caecilia Metella, Terme di Caracalla, und Villa dei Quintili, gibt es weitere Sammeltickets: Die **Appia Antica Card** (7,50 €, 7 Tage gültig) gewährt den Zugang zu den Terme di Caracalla, dem Grabmal der Caecilia Metella und der Villa dei Quintili. Für den Besuch von **Forum Romanum, Palatin und Kolosseum** ist der Kauf eines 2 Tage gültigen Sammeltickets (12 €) obligatorisch. Mit dem Ticket **Museo Nazionale Romano** (7 €, 3 Tage gültig) gelangt man in die vier Zweigstellen des Museums (Diokletiansthermen, Palazzo Massimo, Crypta Balbi, Palazzo Altemps). Die **Capitolini Card** (15 €, 7 Tage gültig) ermöglicht den Eintritt in die Kapitolinischen Museen und das Centrale Montemartini. Die Karten sind bei den Infopunkten für Touristen (P.I.T.) › S. 152 sowie an den jeweiligen Museumskassen und online (www.omniticket.it) erhältlich. Bei Sonderausstellungen werden Zuschläge erhoben.

- Die Eintrittspreise für Museen liegen in der Regel zwischen 5 und 10 €. In staatlichen Museen haben EU-Bürger unter 18 und über 65 Jahren gegen Vorlage des Ausweises freien Eintritt, 18–24-Jährige bekommen Ermäßigungen.

- **Toiletten:** Museen und viel besuchte Kirchen verfügen über akzeptable Toiletten, ebenso der Bahnhof Termini. In Bars und Cafés wird erwartet, dass Sie etwas konsumieren.

- **Verbote:** Rauchverbot in allen öffentlichen Gebäuden und gastronomischen Betrieben (spezielle Raucherzonen sind ausgeschildert). An einigen populären Sehenswürdigkeiten, z.B. an der Spanischen Treppe, ist der Verzehr von mitgebrachten Speisen und Getränken verboten. Diese Regelung gilt ganzjährig; Verstöße werden mit Geldstrafen geahndet. Bitte achten Sie auf entsprechende Beschilderungen.

Infos von A–Z

- ADAC-Notrufnummer in Italien: 800 32 22 22 (24 Std., kostenfrei), mobil: +39 03 92 10 41.

Öffnungszeiten

- **Banken:** Mo–Fr 8.30–13.30 u. 14.15 bzw. 15–15.30 bzw. 16.15 Uhr.
- **Geschäfte:** 8.30/9–12.30/13 Uhr sowie 15.30/16–19.30/20 Uhr. Lebensmittelläden sind Do nachmittags, sonstige Geschäfte Okt.–Juni Mo vormittag, Juni–Okt. Sa nachmittag und So geschlossen. Viele Geschäfte im Zentrum öffnen länger.
- **Kirchen:** Mittags oft geschlossen.
- **Museen:** Wegen kurzfristiger Änderungen am besten vorab erfragen. Viele Sammlungen sind Mo geschlossen. Infos unter: www.museiinco muneroma.it, www.culturaitalia.it

Post

- **Hauptpost:** Piazza San Silvestro, 00187 Roma, Tel. 06 67 71; Mo–Fr 8.30–18.30 Uhr, Sa 8.30–13 Uhr. Alle Postämter haben ähnliche Öffnungszeiten, z.B. das in der Via Scrofa 61.
- **Kleinere Postämter** öffnen 8.30 bis 14 Uhr, Sa bis 13 Uhr.
- **Vatikanpost** links an der Piazza San Pietro, 00193 Roma, und rechts (bei den Toiletten), Mo–Fr 8.30–19 Uhr, Sa 8.30–18.45 Uhr; So geschl. **50 Dinge** ㊱ › S. 16.

Rechnungen und Belege

Quittungen *(ricevuta fiscale)* inkl. Mehrwertsteuer *(IVA)* für Dienstleistungen in Restaurants, Autowerkstätten o.ä. muss man einige Zeit für eventuelle Kontrollen der Finanzpolizei aufbewahren.

Sicherheit

Taschendiebstähle, z.B. in den überfüllten Verkehrsmitteln, kommen häufig vor. Deponieren Sie Ihre Wertsachen im Hotelsafe und parken Sie nur in Gara-gen oder auf bewachten Parkplätzen. Diebstähle können bei der nächstgelegenen Polizeidienststelle oder Carabinieri-Station gemeldet werden; Städtische Polizei Te. 06 67 69 1

Telefon und Handy

Telefonkarten *(scheda telefonica)* sind in Tabakläden (»T«) erhältlich. Die Ortsvorwahl ist fester Bestandteil der Telefonnummer, die »0« wird auch bei Telefonaten aus dem Ausland mitgewählt. Bei Handynummern fällt die »0« weg. Über die Mobilfunknetze von Telecom Italia (TIM), Wind und Omnitel funktionieren Handys problemlos. Erfragen Sie die günstigsten Netze bei Ihrem Anbieter. Hinweise zu günstigen Tarifen unter: www.teltarif.de/i/reise-itm.html.

- **Internationale Ländervorwahlen:** Deutschland 00 49; Italien 00 39; Österreich 00 43; Schweiz 00 41.

Zoll

- Für Reisende aus **EU-Staaten** gilt: 800 Zigaretten, 200 Zigarren, 1 kg Tabak, 10 l Spirituosen, 90 l Wein.
- **Schweizer** dürfen Geschenke im Wert von 300 CHF, 200 Zigaretten, 1 l Spirituosen und 2 l Wein mit nach Hause bringen.

Urlaubskasse	
Espresso al bar/ auf der Terrasse	1,50/ 4 €
Softdrink al bar/ auf der Terrasse	2,60/ 4,50 €
Glas Bier al bar/ auf der Terrasse	2,80/ 6 €
Imbiss (Panino, Pizza)	5 €
Kugel Eis	1 €
Taxifahrt (8–10 km)	15 €
Mietwagen/Tag	ab 40 €
1 l Superbenzin	1,79 €

Register

Abbazia delle
Tre Fontane 135
Albanerberge 59
Antico Caffè della Pace 86
Antiquitäten 96
Ara Pacis Augustae 93
Area Sacra Argentina 90
Augustus-Mausoleum 93
Aventin 120

Bernini, Gianlorenzo 54,
64, 66, 83, 86, 102, 131,
139
Bocca della Verità 88
Borromini, Francesco 54, 83,
86, 90, 91, 101, 117
Botanischer Garten 128
Bramante 132
Bramante, Donato 65
Brunnen (Fontane)
• Bienenbrunnen 104
• Fontana della Barcaccia 96
• Fontana dell'Acqua
Paola 132
• Fontana delle Naiadi 100
• Fontana di Trevi 97
• Minerva-Brunnen 75
• Schildkrötenbrunnen 89
• Tritonenbrunnen 104
• Vierströmebrunnen 83
Bruno, Giordano 90

Caffè Canova 95
Caffè Ciampini 87
Caffè Ciarmei 112
Caffè Greco 97
Caffè Rosati 95
Campo de'Fiori 90
Campo Santo Teutonico 65
Canova, Antonio 66
Caracallathermen 121
Caravaggio 54, 86
Casa del Cinema 150
Casa di Goethe 94
Casina di Raffaello 106
Celio 118
Centrale Montemartini 57,
123

Cestiuspyramide 123
Cimitero Acattolico 123
Cinecittà 151
Circo Massimo 121
Colle Oppio 113
Complesso di San Michele a
Ripa Grande 131
Crypta Balbi 89

Deutsches Pilger-
zentrum 63
Diokletiansthermen 100
Domus Aurea 113

Engelsbrücke 72
Engelsburg 72
Estate Romana 58
Etrusker 52
EUR-Viertel 135

Faro della Vittoria 133
Forum Romanum 78

Galleria Alberto Sordi 92
Galleria Doria Pamphilj 92
Garibaldi, Giuseppe 133
Gelateria della Palma 87
Gianicolo , 132
Goethe, Johann Wolfgang
von 94, 123
Grabmal der Cecilia
Metella 139

Jüdische Haupt-
synagoge 89
Jüdische Katakomben 139

Kaiser
• Augustus 81, 93
• Caracalla 121
• Hadrian 72, 87, 143
• Julius Cäsar 79
• Konstantin 80, 81, 112,
115, 116
• Mark Aurel 75, 92
• Nero 113
• Septimius Severus 79
• Trajan 82

Kaiserforen 82
Katakomben der
Domitilla 138
Katakomben und Basilika
San Sebastiano 138
Katakomben von
San Callisto 137
Keats-Shelley-Gedächtnis-
stätte 97
Kirchen (Chiese)
• Basilika
San Sebastiano 139
• Chiesa del Dio Padre
Misericordioso 147
• Domine Quo Vadis? 137
• Peterskirche 65
• S. Agnese in Agone 83
• S. Agostino 86
• S. Andrea al Quirinale 102
• S. Angelo in Pescheria 89
• Santissima
Trinità dei Monti 96
• S. Carlo alle
Quattro Fontane 101
• S. Caterina dei Funari 89
• S. Cecilia in Trastevere 131
• S. Clemente 114
• S. Crispino 87
• S. Crisogono 130
• S. Croce in
Gerusalemme 112
• S. Francesca Romana 80
• S. Francesco a Ripa 131
• S. Giovanni dei
Fiorentini 91
• S. Giovanni in
Laterano 116
• S. Giuseppe dei
Falegnami 77
• S. Gregorio Magno 118
• S. Ignazio 92
• S. Ivo alla Sapienza 86
• S. Lorenzo in Damaso 91
• S. Lorenzo fuori le
Mura 112
• S. Luigi dei Francesi 86
• S. Maria degli Angeli 100
• S. Maria della Pace 85

Register

- S. Maria della Vittoria 101
- S. Maria del Popolo 95
- S. Maria di Loreto 83
- S. Maria in Aracoeli 75
- S. Maria in Cosmedin 88
- S. Maria in Domnica 118
- S. Maria Maggiore 58, 108
- S. Maria sopra Minerva 86
- S.Onofrio al Gianicolo 133
- S. Paolo fuori le Mura 123
- S. Pietro in Montorio 132
- S. Pietro in Vincoli 113
- S. Prassede 109
- S. Pudenziana 109
- S. Saba 120
- S. Sabina 121
- SS. Giovanni e Paolo 118
- SS. Quattro Coronati 115
- S. Stefano Rotondo 118

Kloster Tre 135
Kolosseum 81
Konstantinsbogen 81

Lateran 115
Lebensmittelmarkt 91
Lido di Ostia 142

Mausoleo Fosse
  Ardeatine 138
Maxxi 107
Meier, Richard 93, 147
Michelangelo 54, 66, 68, 70, 75, 113
Mithraskult 114
Monte Celio 98
Monte Pincio 98
Museen (Musei)
- Accademia di Storia
  dell'Arte Sanitaria 133
- Etruskisches National-
  museum 107
- Folkloremuseum 128
- Galleria Borghese 105
- Galleria Nazionale d'Arte
  Antica 128
- Galleria Nazionale d'Arte
  Moderna 107
- Galleria Nazionale dell'Arte
  Antica 103
- Kapitolinische Museen 76
- Museo Canonica 106

- Museo Carlo Bilotti 106
- Museo della Civiltà
  Romana 135
- Museo dell'Alto
  Medioevo 135
- Museo delle Mura
  Aureliane 136
- Museo delle Paste
  Alimentari 103
- Museo Nazionale delle Arti
  del XXI Secolo (Maxxi) 107
- Museo Nazionale
  Romano 57, 100
- Musikinstrumenten-
  museum 112
- Prähistorisches und
  Völkerkundliches Museum
  L. Pigorini 135
- Vatikanische Museen 69

Museo Ebraico 89
Museum für Zoologie 107

Nuovo Mercato
  Esquilino 112

Ospedale di Santo
  Spirito 133
Ostia 140
Ostia Antica 140

Palatin 81
Palazzo Altemps 86
Palazzo Braschi 84
Palazzo Caffarelli 77
Palazzo Corsini 127
Palazzo dei Conservatori
  (Konservatorenpalast) 76
Palazzo della Cancelleria 91
Palazzo Farnese 90
Palazzo Massimo 100
Palazzo Nuovo 77
Palazzo Pio 90
Palazzo Senatorio 77
Palazzo Spada 90
Pantheon 87
Papstaudienzen 63
Parco degli Scipioni 136
Pasticceria Giolitti 87
Paulus, Apostel 117, 135
Petersplatz (Piazza S.
  Pietro) 64

Petrus, Apostel 63, 65, 66, 67, 117
Piazza Barberini 103
Piazza Colonna 92
Piazza della Repubblica 100
Piazza del Popolo 95
Piazzale Garibaldi 133
Piazza Navona 83
Piazza Santa Maria in
  Trastevere 130
Piazza Santa Maria sopra
  Minerva 86
Pincio 95
Porta Portese 131

Quirinal 100
Quirinalshügel 101

Raffael 70, 86, 87, 113
Reisezeit 24
Roseto 121

Scala Santa 116
Scuderie 103
Sixtinische Kapelle 70
Spanische Treppe 96
Stadtverkehr 26

Tasso, Torquato 133
Tazza d'Oro 87
Teatro di Marcello 88
Tempietto di Bramante 132
Testaccio 124
Tiberinsel (Isola Tiberina) 88
Tivoli 142
Tomba di Geta 137
Tomba di Priscilla 137
Trajanssäule 82
Trastevere 127

Vatikan 47
Vatikanische Gärten 71
Via Appia Antica 136
Villa Adriana 143
Villa Borghese 105
Villa Celimontana 118
Villa d'Este 143
Villa Farnesina 127
Villa Gregoriana 142

Zoo (Bioparco) 107

Impressum

Bildnachweis
Coverfoto: Kolosseum © Schapowalow/SIME/Sandra Raccanello
Fotos Umschlagrückseite © Fotolia/David Bleja (links), Jahreszeitenverlag/GourmetPictureGuide (Mitte); Corbis/Imagebroker/Martin Jung (rechts)

Alamy/AEP: 133; Corbis/Imagebroker/Martin Jung: 6; Michael Döschner: 56; Fotolia/Marie-Amélie: 54; Fotolia/Lucky Dragon: 39; Fotolia/ilonal: 70; Fotolia/Iakov Kalinin: 60; Fotolia/Valerijs Kostreckis: 28; Fotolia/Viacheslav Lopatin: 82; Fotolia/Voennyy: 96; Fotolia/Piotr Wzietek: 66, U2-4; Ralf Freyer: 22, 73, 74, 91, 105, 130; GlowImages/Cyril Bana: 44; Nikolaus Gross: 93; Herbert Hartmann: 49, 68; Huber Images/Bernhart: 77; Huber Images/Claudio Cassaro: 53; Huber Images/Gräfenhain: 144; Huber Images/Johanna Huber: 62; Huber Images/G. Simeone: 80, 134; Jahreszeitenverlag/GourmetPictureGuide: 32, 101; Volkmar Janicke: 148; laif/Mauro Galligani: 106; laif/Galli: 58, 126; laif/hemis.fr/Patrice Hauser: 41; laif/hemis.fr/Rene Mattes: 34; laif/Frank Heuer: 99, 124; laif/Annette Schreyer: 15; LOOK-foto/Franz Marc Frei: 145; LOOK-foto/Sabine Lubenow: 118; LOOK-foto/travelstock44: U2-1; Sabine von Loeffelholz: 30, 50, U2-3; Massimo Mastrorillo: 8u, 16, 89, 98; mauritius-images/Imagebroker: 115; Daniele Messina: 113; Renate Nöldeke: 8 o, 9 o, 9 u, 10; Erhard Pansegrau: 43, 71, 117; Pixelio/Norbert Staudt: 27; Pixelio/suRom: U2-2; Schapowalow/SIME/Maurizio Rellini: 20; seasons agency: Jalag/Klaus Bossemeyer 57; Shutterstock/Alfredo Cerra: 13; Shutterstock/Alfredo Cerra: 13; Shutterstock/Emipress: 59; Shutterstock/Gianluca Figliola Fantini: 14; Shutterstock/Matteo Gabrieli: 119; Shutterstock/Peter Radacsi: 139; Fotodesign Stadler: 143; Martin Thomas: 37; Wikipedia/gemeinfrei: 121; Wikipedia/Herb Neufeld: 138; Ernst Wrba: 83, 109

Liebe Leserin, lieber Leser,
wir freuen uns, dass Sie sich für diesen POLYGLOTT on tour entschieden haben. Unsere Autorinnen und Autoren sind für Sie unterwegs und recherchieren sehr gründlich, damit Sie mit aktuellen und zuverlässigen Informationen auf Reisen gehen können. Dennoch lassen sich Fehler nie ganz ausschließen. Wir bitten Sie um Verständnis, dass der Verlag dafür keine Haftung übernehmen kann.

Ihre Meinung ist uns wichtig. Bitte schreiben Sie uns:
TRAVEL HOUSE MEDIA GmbH, Redaktion POLYGLOTT, Grillparzerstraße 12,
81675 München, redaktion@polyglott.de
www.polyglott.de

2. unveränderte Auflage 2016

© 2016 TRAVEL HOUSE MEDIA GmbH München
Dieses Buch wurde auf chlorfrei gebleichtem Papier gedruckt.
ISBN 978-3-8464-2708-8

Alle Rechte vorbehalten. Nachdruck, auch auszugsweise, sowie die Verbreitung durch Film, Funk, Fernsehen und Internet, durch fotomechanische Wiedergabe, Tonträger und Datenverarbeitungssysteme jeglicher Art nur mit schriftlicher Genehmigung des Verlages.

Bei Interesse an maßgeschneiderten POLYGLOTT-Produkten:
Verónica Reisenegger
veronica.reisenegger@travel-house-media.de

Bei Interesse an Anzeigen:
KV Kommunalverlag GmbH & Co KG
Tel. 089/928 09 60
info@kommunal-verlag.de

Redaktionsleitung: Grit Müller
Verlagsredaktion: Anne-Katrin Scheiter
Autoren: Renate Nöldeke, Jürgen Sorges
Redaktion: Henriette Volz
Bildredaktion: Barbara Schmid
Mini-Dolmetscher: Langenscheidt
Layoutkonzept/Titeldesign:
fpm factor product münchen
Karten und Pläne: Sybille Rachfall
Satz: Tim Schulz, Mainz
Herstellung: Anna Däumner, Sophie Vogel
Druck und Bindung:
Printer Trento, Italien

Ein Unternehmen der
GANSKE VERLAGSGRUPPE

Mini-Dolmetscher Italienisch

Allgemeines

Guten Tag.	Buongiorno. [buondsehorno]
Hallo!	Ciao! [tschao]
Wie geht's?	Come sta? [kome sta]
Danke, gut.	Bene, grazie. [bäne grazje]
Ich heiße ...	Mi chiamo ... [mi kjamo]
Auf Wiedersehen.	Arrivederci. [arriwedertschi]
Morgen	mattina [mattina]
Nachmittag	pomeriggio [pomeridseho]
Abend	sera [ßera]
Nacht	notte [notte]
morgen	domani [domani]
heute	oggi [odsehi]
gestern	ieri [järi]
Sprechen Sie Deutsch?	Parla tedesco? [parla tedesko]
Wie bitte?	Come, prego? [kome prägo]
Ich verstehe nicht.	Non capisco. [non kapisko]
Sagen Sie es bitte nochmals.	Lo può ripetere, per favore. [lo puo ripätere per fawore]
..., bitte.	..., per favore. [per fawore]
danke	grazie [grazje]
Keine Ursache.	Prego. [prägo]
was / wer / welcher	che / chi / quale [ke / ki / kuale]
wo / wohin	dove [dowe]
wie / wie viel	come / quanto [kome / kuanto]
wann / wie lange	quando / quanto tempo [kuando / kuanto tämpo]
warum	perché [perke]
Wie heißt das?	Come si chiama? [kome ßi kjama]
Wo ist ...?	Dov'è ...? [dowä]
Können Sie mir helfen?	Mi può aiutare? [mi puo ajutare]
ja	sì [ßi]
nein	no [no]
Entschuldigen Sie.	Scusi. [skusi]
Gibt es hier eine Touristeninformation?	C'è un ufficio di turismo qui? [tschä un uffitscho di turismo kui]
Haben Sie einen Stadtplan?	Ha una pianta della città? [a una pjanta della tschitta]
Wann ist ... geöffnet?	A che ora è aperto (m.) / aperta (w.)...? [a ke ora ä apärto / apärta]
das Museum	il museo (m.) [il museo]

Shopping

Wo gibt es ...?	Dove posso trovare ...? [dowe posso troware]
Wie viel kostet das?	Quanto costa? [kuanto kosta]
Wo ist eine Bank?	Dov'è una banca? [dowä una bangka]
Ich suche einen Geldautomaten.	Dove posso trovare un bancomat? [dowe posso troware un bangkomat]
Geben Sie mir 100 g Käse / zwei Kilo Pfirsiche	Mi dia un etto di formaggio / due chili di pesche. [mi dia un ätto di formadseho / due kili di päske]
Wo kann ich telefonieren / eine Telefonkarte kaufen?	Dove posso telefonare / comprare una scheda telefonica? [dowe posso telefonare / komprare una skeda telefonika]

Essen und Trinken

Die Speisekarte, bitte.	Il menu per favore. [il menu per fawore]
Brot	pane [pane]
Kaffee	caffè / espresso [kaffä / esprässo]
Tee	tè [tä]
mit Milch / Zucker	con latte / zucchero [kon latte / zukkero]
Orangensaft	succo d'arancia [sukko darantscha]
Mehr Kaffee, bitte.	Un altro caffè, per favore. [un altro kaffä per fawore]
Suppe	minestra [minästra]
Nudeln	pasta [pasta]
Fisch / Meeresfrüchte	pesce / frutti di mare [pesche / frutti di mare]
Fleisch	carne [karne]
Geflügel	pollame [pollame]
Beilage	contorno [kontorno]
vegetarische Gerichte	piatti vegetariani [pjatti wedsehetarjani]
Ei	uovo [uovo]
Salat	insalata [inßalata]
Dessert	dolci [doltschi]
Obst	frutta [frutta]
Eis	gelato [dsehelato]
Wein	vino [wino]
Bier	birra [birra]
Wasser	acqua [akua]
Mineralwasser	acqua minerale [akua minerale]
mit / ohne Kohlensäure	gassata / naturale [gassata / naturale]
Ich möchte bezahlen.	Il conto, per favore. [il konto per fawore]

Notizen

Meine Entdeckungen

....

....

....

....

....

....

....

....

....

....

....

....

....

....

....

....

....

Clevere Kombination mit POLYGLOTT **Stickern**

Einfach Ihre eigenen Entdeckungen mit Stickern von 1–16 in der Karte markieren
und hier eintragen. Teilen Sie Ihre Entdeckungen auf facebook.com/polyglott1.

Checkliste Rom

Nur da gewesen oder schon entdeckt?

☐ **Blick über die Ewige Stadt**
Atemberaubend ist die Verschmelzung von Architektur und Malerei in der Kuppel der Peterskirche, die Aussicht von dort ist es ebenso. › S. 14

☐ **Sonntag in der Villa Borghese**
Vom Brunch im Cinecaffè über den Besuch der Galleria Borghese bis zur Ruderpartie garantiert Roms grüne Lunge volles Vergnügen bei jedem Wetter. › S. 12

☐ **Michelangelos malerischer Geniestreich**
Die vollendete Sinnlichkeit und unerschöpfliche Formenvielfalt der menschlichen Körper in den Fresken der Sixtinischen Kapelle überwältigte schon Päpste. › S. 69

☐ **Open-Air-Kino auf der Tiberinsel**
Ein Sommer in der Stadt ist ohne laue Filmnacht bei einem Gläschen Wein auf der Flussinsel einfach undenkbar. › S. 150

☐ **Mit dem Fahrrad in die Antike**
Eine Radtour auf den Spuren römischer Legionen führt von der Aurelianischen Stadtmauer über die Via Appia Antica. › S. 12

☐ **Cremige Versuchung**
Kein Eis zergeht so auf der Zunge wie der Klassiker Schokolade von der Gelateria Giolitti. › S. 14

☐ **Rom auf Wunsch**
Wer sich von der traumhaften Kulisse des Trevibrunnens einmal abwendet und eine Münze hinter sich wirft, kehrt garantiert nach Rom zurück – sicher bald! › S. 12

Mitbringsel für Daheim

Caffè mit Stil: Die gelben Espressotassen der Kaffeerösterei Sant' Eustacchio. › S. 17

Dolce Vita in Tüten: Trockenfrüchte (Frutta Secca) sind süß und bunt. › S. 16